南京图书馆馆刊沿革与解读

刘建忠 著

东南大学出版社
SOUTHEAST UNIVERSITY PRESS

图书在版编目(CIP)数据

南京图书馆馆刊沿革与解读/刘建忠著. —南京：东南大学出版社,2018.3
ISBN 978-7-5641-7664-8

Ⅰ.①南… Ⅱ.①刘… Ⅲ.①图书馆学-期刊-研究-南京　Ⅳ.①G259.275.31

中国版本图书馆 CIP 数据核字(2018)第 046773 号

南京图书馆馆刊沿革与解读

出版发行	东南大学出版社
出 版 人	江建中
社　　址	江苏省南京市四牌楼 2 号(210096)
经　　销	全国各地新华书店
印　　刷	虎彩印艺股份有限公司
开　　本	700mm×1 000mm　1/16
印　　张	14.5
字　　数	312 千字
版　　次	2018 年 3 月第 1 版
印　　次	2018 年 3 月第 1 次印刷
书　　号	ISBN 978-7-5641-7664-8
定　　价	58.00 元

(若有印装质量问题,请与营销部联系。电话:025-83791830)

序

刘建忠先生年初时就说起,要我为他的新作《南京图书馆馆刊沿革与解读》作序,但我手头上的事情实在是太多了,一直都没忙过来,加上后来到国外去做讲座,刚回国又因胆结石病发作而入院开了一刀,就在养病恢复时接到了刘先生的电话,我顿时觉得很不好意思,思来想去,只好硬着头皮写了。为什么这么说呢?要说给别人大作作序,我素来很少为之,一来跨专业怕说错话,二来我总觉得这样做颇有好为人师之嫌,三来我怕有说不清的风险。早些年有位研究运河流域水利史的领导写了一本治水专著,出版前他托人叫我帮忙写个序。说实在话,我还真没有具体研究过水利史,由于撰写明朝历史所需,本人曾对大运河史料有所接触,并在自己的系列专著《大明帝国》第 10 卷中有着较为详细的论述,但就是没有专门进行水利史的系统研究,更不用说对大运河周边的分支水利治理研究了。当然也有人对我说,胆子大一点,不是有人一拍脑袋就成立了××运河文化研究中心,并堂而皇之地当起了运河文化研究专家来,凡是主旋律唱什么就跟着唱吧,然后再美滋滋地申报国家与省里的课题,来个名利双收。可我却做不到!除此之外,还有一个政治风险。按理说,我等草民远离政治,何来政治风险?这里冒昧说一句,我是研究中国古代史的,每当想起那惨绝人寰的庄廷鑨《明史》案,就有一种莫名的恐惧袭上心头。

由此再想想,这种写序还真不敢随便写。不过这次刘建忠先生盛情难却,加之我对南京图书馆有着一定的感情,所以最后还是破破例吧。

刘建忠先生的这部《南京图书馆馆刊沿革与解读》,其实写的是南京图书馆馆刊史,而南京图书馆是目前我国第三大图书馆,馆藏书总量已超过 1100 万册,仅次于国家图书馆和上海图书馆,不过若从历史角度来看其地位,那就更不容小觑。她最早成立于 1907 年,早于京师图书馆 2 年,时名为江南图书馆,第一任馆长是著名的目录学家缪荃孙。辛亥革命后该图书馆更名为江苏省立图书馆、江苏省立第一图书馆和江苏大学国学图书馆,1928 年和 1929 年又分别更名为国立中央大学国

南京图书馆馆刊沿革与解读

学图书馆和江苏省立国学图书馆等。1933年合并成为国立中央图书馆。1949年5月,由南京市军事管制委员会接管,改名为国立南京图书馆。1954年国立南京图书馆又改名为南京图书馆,此名一直沿用至今。

在南京图书馆的发展历史上,民国时代的馆长柳诒徵先生贡献尤著,在他治下该馆在社会各界受到了很高的赞誉,成为国内外著名的公共图书馆。对于柳先生,我在20世纪80年代末读研时就拜读了他的大作《中国文化史》,但就是不知道他还曾是南京图书馆馆长,后来查询了一下才知,他曾执教南京高等师范学校、清华大学、北京女子大学和东北大学以及中央大学。按照现在人的官本位思维,柳先生应当有着很高的行政级别?可从史料中我始终都没能看出来,换言之,柳先生仅是一个博古通今的著名学者。由这么一个学者来主掌一个图书馆,难怪那时的南京图书馆蒸蒸日上,名扬天下。

更为难能可贵的是,柳先生在办好图书馆的同时,还每年出版一期馆刊,虽然其刊名有着变化,如《江苏省立国学图书馆年刊》《江苏省立国学图书馆丛刊》等,但连续出版了数十年,真是不易!上世纪50年代,柳先生不再出任馆长,但馆刊出版还在继续进行,这大概是秉承其优良传统。而现在刘建忠先生出版的这部新作就是以南京图书馆的馆刊作为主题,分门别类地做了细化详述。书中既有开门见山式的概述,又有分章详论,这就为人们查阅南京图书馆馆刊与研究提供了极大的方便。

馆刊在我们这个社会中属于比较特殊的刊物,一般都没有刊号,多为系统内部交流所用。我来南京后就收到了很多的馆刊,如《南京静海寺馆刊》《南京科举博物馆馆刊》等,而这些馆刊上的一些文章其实还挺有价值的,不仅带着明显的时代烙印,而且其学术水平和治学态度有时也并不比正式刊物差,就如我们研究古代史时使用的笔记和野史一般,它们可以弥补正史的隐晦和故意的"疏漏",对于人们研究专题史甚至整个时代的通史都有一定的参考价值。

刘建忠先生做了一件非常有益的事情,将人们不经意的南京图书馆馆刊作为研究对象,并加以梳理,其敢于做实事之精神值得我们学习。但愿以后这样的出版物能多多问世!

权作为序!

2018年6月14日

前　　言

1999年我从部队转业进入南京图书馆，特别是2005年到南京图书馆历史文献部工作后，对南京图书馆的历史和现状有了更多地了解。南京图书馆的前身可以追溯到1907年成立的江南图书馆。如果从1907年算起，到2017年写成这部书，南京图书馆的发展经历了一个多世纪，整整110年。人所共知，20世纪是人类历史上风云激荡、天翻地覆的时代，中国社会也同样发生了巨大的变化。中国的公共图书馆在资产阶级革命的前夜诞生，以后随着世纪风云，历经艰难困苦，曲折地向前发展。而南京图书馆所经历的过程具有相当的代表性，甚至可以说它是中国近现代图书馆发展的一个缩影。作为南京图书馆宣传、宣扬工具及阵地的南京图书馆馆刊也经历了近90年的发展，同样也是中国近现代图书馆馆刊发展的一个缩影，正是出于这种认识，我认为有必要编写这部书，以便让世人更好地了解南京图书馆的历史和现状。

《南京图书馆馆刊沿革与解读》是按照南京图书馆沿革的时间顺序编写的，它重于记述、重于当代、重于史实，力求在书中保存有关南京图书馆真实可靠的数据。撰写时编者坚持以材料为依据，力求寓规律与观点于叙事之中，本书没有空洞的说教与套话，而是将纷繁的材料经过去粗求精、去伪存真地处理，然后将可以采用的材料整理而成。

这部书的内容大致可以分为四个部分：第一章概述，要了解南京图书馆馆刊沿革就必须先了解南京图书馆沿革，因此此部分着重记述从江南图书馆、江苏省立国学图书馆、中央图书馆到1949后南京图书馆100多年发展的历史轨迹，起到总括全貌的作用；第二章江苏省立国学图书馆时期馆刊，着重记述了1927年柳诒徵接任国学图书馆馆长后，每年出版一期《江苏省立国学图书馆年刊》，连续出版了10年，以及出版了《江苏省立国学图书馆丛刊》等方面资料；第三章国立中央图书馆时期馆刊，着重记述了1935年2月由中央日报社编辑部主办、国立中央图书馆筹备处主编的《中央时事周报》学瓠专栏到1936年1月由中央图书馆筹备处编辑出版、由蔡元培题写刊名的《学瓠》，1941年12月在重庆出版的《图书月刊》，1946年6月出版的英文馆刊《书林季刊》，1947年3月出版的《国立中央图书馆馆刊》等方面资料；第四章南京图书馆时期馆刊，着重记述了1978年9月由本馆研究员钱亚新为主任出版了《江苏图书馆工作》，1984年1月出版了《江苏图书馆学报》以及2003年1月卢子博、彭飞任主编的《新世纪图书馆》等方面数据。

从历史的角度看，南京图书馆的历史大体可分为三大块：一是江南图书馆与其沿革的江苏省立国学图书馆；二是民国时期的国立中央图书馆；三是1949年后的国立南京图书馆与其沿革的南京图书馆。在我国近代图书馆史上，江南图书馆成立于1907年，晚于我国第一所近代公共图书馆湖南图书馆3年，早于京师图书馆2年。江南图书馆第一任馆长是著名的目录学家缪荃孙先生，尔后他又曾担任京师图书馆馆长。缪先生对江南图书馆和京师图书馆的创建有着不可磨灭的功绩，他也为江南图书馆和京师图书馆赢得了应有的声誉和历史地位。1928年10月，江南图书馆在几度更名后定名为江苏省立国学图书馆，由著名史学家柳诒徵先生担任馆长，直到1949年初。在柳先生20余年的从严治馆下，江苏省立国学图书馆受到社会各界很高的赞誉。民国时期的中央图书馆，为当时国民政府所办，它具有国家图书馆的职能，因而更具影响力。1949年后的南京图书馆是在中央图书馆和江苏省立国学图书馆的基础上发展起来的，有着丰富的馆藏和良好的工作基础，政府又给予大力的支持和经费投入，因而在国内仍不失第三大馆的地位。

从江南图书馆到现今的南京图书馆，已有一个多世纪的历程，积累了丰富的历史资料；从1927年柳诒徵接任江苏省立国学图书馆馆长出版《江苏省立国学图书馆年刊》至今也有近90年的历程。在南京图书馆成立110周年之际，将这些资料整理出版，无疑将为南京图书馆奉上一份难得的珍贵礼物。

著　者

目　　录

第一章　概述 …………………………………………………… 001
    第一节　江南图书馆——江苏省立国学图书馆 ………… 002
    第二节　国立中央图书馆 ………………………………… 008
    第三节　国立南京图书馆——南京图书馆 ……………… 009

第二章　江苏省立国学图书馆时期馆刊 …………………… 019
    第一节　《江苏省立国学图书馆年刊》 ………………… 019
    第二节　《江苏省立国学图书馆丛刊》 ………………… 141

第三章　国立中央图书馆时期馆刊 ………………………… 149
    第一节　《中央时事周报》"学瓠"专栏 ……………… 149
    第二节　《学觚》 ………………………………………… 156
    第三节　《图书月刊》 …………………………………… 161
    第四节　《书林季刊》 …………………………………… 168
    第五节　《国立中央图书馆馆刊》 ……………………… 169

第四章　南京图书馆时期馆刊 ……………………………… 186
    第一节　《江苏图书馆工作》 …………………………… 187
    第二节　《江苏图书馆学报》 …………………………… 205
    第三节　《新世纪图书馆》 ……………………………… 209

后　　记 ……………………………………………………… 223

第一章 概　　述

　　南京图书馆是江苏省省级公共图书馆、国家一级图书馆,前身可追溯至1907年创办的江南图书馆和1933年国民政府时期筹建的中央图书馆,1954年正式定名为南京图书馆,馆史悠久,文化底蕴深厚。

　　作为江苏省文献信息资源保障与服务中心,南京图书馆总体馆藏已形成涵盖社会科学和自然科学各个领域的资源体系。截至2013年年底,南京图书馆藏书总量已超过1100万册,仅次于国家图书馆和上海图书馆,位居全国第三。其中古籍160万册,包括善本14万册;民国文献70万册。馆藏中不乏唐代写本,辽代写经,宋、元、明、清历代写印珍本,已有454种入选国家珍贵古籍名录。

　　南京图书馆新馆坐落于市中心大行宫地区,毗邻总统府、中央饭店和江南织造博物馆,于1998年立项,2002年动工,2006年落成并部分对外开放,2007年实现全面开放。新馆占地面积2.52万平方米,建筑面积7.87万平方米,建筑投资4亿元人民币。馆内设有读者座位3000个,信息点4000多个。

　　南京图书馆老馆坐落在成贤街南端,她的前身是南京国民政府于1933年筹建的国立中央图书馆,1950年二三月间奉中央人民政府文化部令,正名为国立南京图书馆,1954年改今名。1952年10月,江苏省立国学图书馆并入国立南京图书馆。江苏省立国学图书馆的前身是清末两江总督端方创建的江南图书馆,因此,南京图书馆的历史可追溯到1907年。

　　光绪三十三年(1907年),清末两江总督端方决定在惜阴书院旧址创办江南图书馆,聘缪荃孙为总办(相当于今馆长)、陈庆年为坐办(相当于今副馆长)。购进清末四大藏书家之一的钱塘丁氏"八千卷楼"珍籍和武昌范氏木樨香馆藏书。1910年8月正式开放,为中国第一所公共图书馆。辛亥革命后屡次更换馆名。1927年,改为国立中央大学(南京大学)国学图书馆,后因实行大学区制,易名为国立第四中山大学国学图书馆。1928年5月,复更名为国立中央大学国学图书馆,馆长柳诒徵。1929年10月，大学区制取消，定名为江苏省立国学图书馆，馆长柳诒徵，直属江苏省教育厅。新中国成立初期仍沿用此名，由华东军政委员会文化部领导。1952年10月并入国立南京图书馆。

国立中央图书馆是南京国民政府于1933年4月21日开始筹建的，筹备处设在成贤街48号（今成贤街66号）。抗日战争爆发后西迁重庆，1940年8月1日结束筹备，正式成立国立中央图书馆，馆长蒋复璁。抗战胜利返回南京后，奉行政院、教育部令，接收了日伪泽成书库和东亚同文书院等藏书，使馆藏迅速增加至100多万册。1948年，淮海战役打响后，馆长蒋复璁等奉命携带13万册古籍、公报等馆藏珍本逃往台湾。1949年5月，国立中央图书馆由南京市军事管制委员会接管。1950年3月19日，国立中央图书馆奉中央文化部令，正名为国立南京图书馆，由文化部文物局和华东军政委员会文化部双重领导，馆长贺昌群。1954年，由于大行政区已撤销，同时江苏已经建省，需要一个省级馆，为此，文化部于7月将国立南京图书馆改名为南京图书馆，直属江苏省文化局（厅）领导至今（图一见下页）。

第一节　江南图书馆——江苏省立国学图书馆

一、缘起

清光绪年间，一些提倡新学、主张变法的大臣赴欧考察，归而盛道"西方的文明首在图书馆的完备"，奏请设立图书馆以及译书馆、报馆等，以效法西洋。于是，我国出现了第一批有近代意义的图书馆，如湖南图书馆（1904年）、湖北图书馆（1904年）、江南图书馆（1907年）和京师图书馆（1909年）等。从此，我国的图书馆事业告别了藏书楼的时代。

江南图书馆的筹建时间，史料中记载不一。有说是1908年，有的记载为1907年，其中以光绪三十三年（1907年）居多。有史可稽的创办时间应是1907年11月2日（农历九月二十七日）。

据江南图书馆的筹建人之一、江南图书馆坐办陈庆年《横山乡人日记》记载，

第一章 概 述

1907年农历九月二十七日,"夜过浭阳(端方祖籍河北浭阳,此处借指端方其人),知已照会致艺风(缪荃孙的号)师,嘱总办图书馆事,月致三佰金"。这是史料中有关江南图书馆创建日期最为具体的记载。

缪荃孙自撰的《艺风老人年谱》(北京图书馆藏抄本)也记载:"光绪三十三年(1907年)丁未,年64岁。午帅(端方)奏派主图书馆事。十月,偕陈善余(陈庆年)赴浙,购八仟卷楼藏书,以七万元得之。丁氏书旋陆续运江宁。"

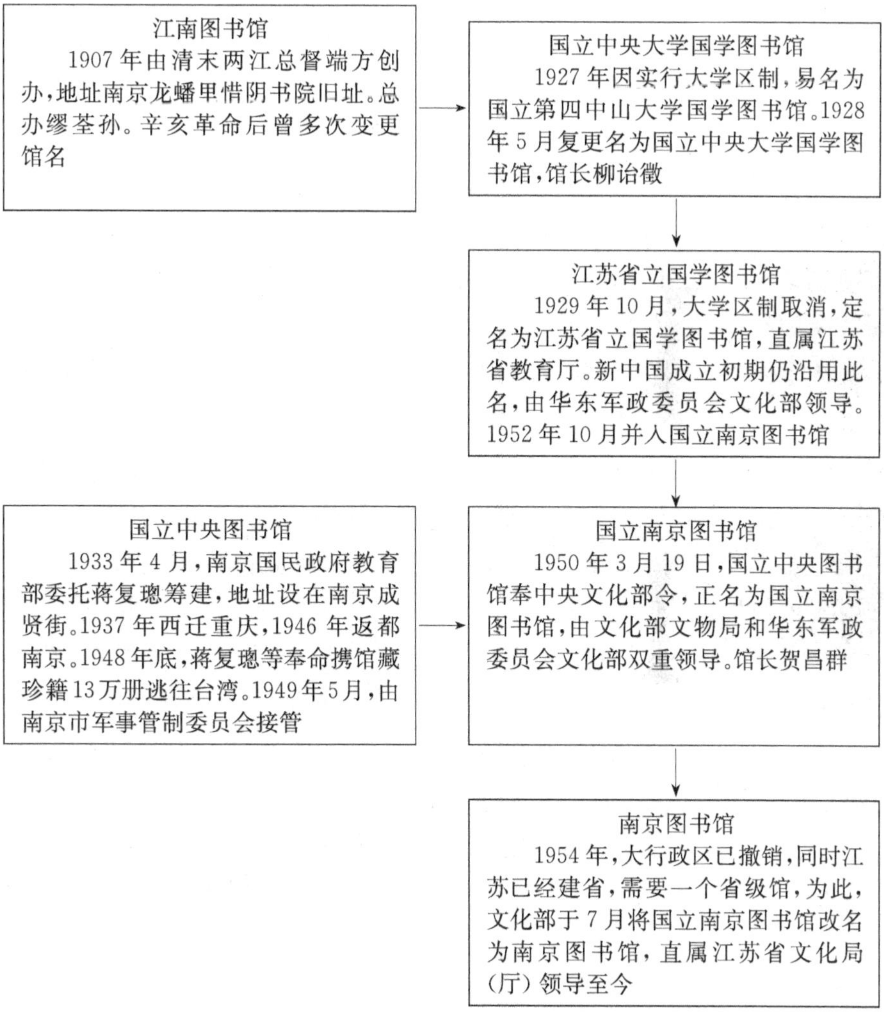

```
┌─────────────────────────┐      ┌─────────────────────────────┐
│ 江南图书馆              │      │ 国立中央大学国学图书馆      │
│  1907年由清末两江总督   │      │  1927年因实行大学区制,易名为│
│ 端方创办,地址南京龙蟠里 │──→   │ 国立第四中山大学国学图书馆。 │
│ 惜阴书院旧址。总办缪荃  │      │ 1928年5月复更名为国立中央大 │
│ 孙。辛亥革命后曾多次变  │      │ 学国学图书馆,馆长柳诒徵    │
│ 更馆名                  │      │                             │
└─────────────────────────┘      └─────────────────────────────┘
                                                │
                                                ↓
                                 ┌─────────────────────────────┐
                                 │ 江苏省立国学图书馆          │
                                 │  1929年10月,大学区制取消,  │
                                 │ 定名为江苏省立国学图书馆,直│
                                 │ 属江苏省教育厅。新中国成立初│
                                 │ 期仍沿用此名,由华东军政委员│
                                 │ 会文化部领导。1952年10月并 │
                                 │ 入国立南京图书馆            │
                                 └─────────────────────────────┘

┌─────────────────────────┐      ┌─────────────────────────────┐
│ 国立中央图书馆          │      │ 国立南京图书馆              │
│  1933年4月,南京国民政府 │      │  1950年3月19日,国立中央图书│
│ 教育部委托蒋复璁筹建,地 │      │ 馆奉中央文化令,正名为国立南│
│ 址设在南京成贤街。1937  │──→   │ 京图书馆,由文化部文物局和华│
│ 年西迁重庆,1946年返都南│      │ 东军政委员会文化部双重领导。│
│ 京。1948年底,蒋复璁等奉 │      │ 馆长贺昌群                  │
│ 命携馆藏珍籍13万册逃往  │      │                             │
│ 台湾。1949年5月,由南京市│      │                             │
│ 军事管制委员会接管      │      │                             │
└─────────────────────────┘      └─────────────────────────────┘
                                                │
                                                ↓
                                 ┌─────────────────────────────┐
                                 │ 南京图书馆                  │
                                 │  1954年,大行政区已撤销,同 │
                                 │ 时江苏已经建省,需要一个省级│
                                 │ 馆,为此,文化部于7月将国立 │
                                 │ 南京图书馆改名为南京图书馆, │
                                 │ 直属江苏省文化局(厅)领导至今│
                                 └─────────────────────────────┘
```

图一 南京图书馆沿革示意图

又据柳诒徵1928年撰稿《国立中央大学国学图书馆小史》载:"图书馆申江督稿:光绪三十三年十一月,奉札购书籍,设立图书馆,当馆屋未建,暂假自治局后进楼房庋收所购各书。"

端方(1861—1911),字午桥,号匋斋,1904年调江苏摄两江总督,是筹办江南图书馆的地方行政长官。

光绪三十四年(1908年),即筹办图书馆的第二年,端方上奏朝廷,奏明办图书馆的意义和筹办经过。原奏摘录如下:

"端方创建图书馆折:窃维强国利民,莫先于教育,而图书馆实为教育之母。近百年来欧美大邦,兴学称盛,凡名都巨埠,皆有官建图书馆。宏博辉丽,观书者日千百人,所以开益神智,增进文明,意至善也。臣奉使所至,览其藏书之盛,叹为巨观,回华后敬陈各国导民善法四端,奏恳次第兴办,而以建筑图书馆为善法之首。……适有浙中旧家藏书六十万卷出售,已筹款七万三千余元,悉数购致。此外,仍当陆续采购,务臻美备,并由臣延聘四品卿衔翰林院编修缪荃孙为图书馆总办,檄委前江浦县教谕陈庆年为坐办……"

著名目录学家缪荃孙(1844—1919)先后主持筹办过两个在我国近代极有影响的图书馆。

缪荃孙自1895年起,应张之洞之聘,主持江宁钟山书院,后因提倡新学,改钟山书院为江南高等学堂,充监督。1907年,端方聘缪荃孙为江南图书馆总办,于是辞去学堂监督,专办图书馆事,与陈庆年同往钱塘购回丁氏"八千卷楼"藏书,奠定了江南图书馆的藏书基础。第三年,又奉调入京筹办京师图书馆。据《艺风老人年谱》载:"宣统元年(1909年)己酉,年六十六岁。五月,奏派京师图书馆正监督,赴常熟与瞿氏商量进书事。"

陈庆年(1862—1929),字善余,号横山,丹徒县人,与缪荃孙同时受聘,任"坐办",在江南图书馆任职五年,是江南图书馆开馆时期的主要领导者之一。缪荃孙奉调入京后,陈庆年一人主持馆内事务,1910年9月25日致端方函中曾提及此事:"艺风师昨日即北上,通志局、图书馆事只庆年一人在此支柱。"

二、馆址

龙蟠里江南图书馆馆址是端方亲自踏勘选定的,为"惜阴书院"旧址。清道光年间，两江总督陶澍（文毅）为了纪念其远祖晋代大司马陶侃，并藉以倡导"古学"，设立了惜阴书舍（光绪初更名为惜阴书院）。《续纂江宁府志》载："道光十八年总督陶文毅公立惜阴书舍于盋山园。"所谓"惜阴"，系取典于《晋书·陶侃传》，陶侃遗教："大禹圣者，乃惜寸阴。"清末废除科举后，改为上元县高等小学堂。

昔日惜阴书院规模宏大，学术名流汇集，读书风气浓厚。江南图书馆及改名后的国学图书馆都继承了这一良好的传统，并发扬光大。柳诒徵的《国立中央大学国学图书馆小史》还用较多的文字介绍了惜阴书院，并说："惜阴书院又有劝学官书局，斯实图书馆之先声也。"

三、馆舍

图书馆于 1908 年接收了上元小学堂，端方又在后院背山修建了前后两栋具有中国古建筑风格的藏书楼，共 44 间，耗银 3.47 余万两，1909 年 9 月竣工，加上原有平房，计有馆舍 140 余间。

藏书楼的题名是 1928 年的事。1928 年，柳诒徵为了纪念晋代学者陶侃、创办惜阴书舍的清两江总督陶澍、创办江南图书馆的端方（号匋斋）及缪荃孙（号艺风）等 4 位先生，将藏书楼题名为"陶风楼"，并请国民政府主席谭延闿书写"陶风楼"匾额，悬挂在楼前。

四、馆名

1909 年，藏书楼建成后，端方将图书馆定名为"江南图书馆"。

馆名的由来史料中没有记载。不过"江南"显然是取自古省名。清初，江苏、安徽两地合称江南，统辖江南和江西两省的官员称"两江总督"。康熙后，江南虽分为江苏、安徽两省，但习惯上仍合称为江南，统辖江苏、安徽、江西三省的总督，仍称两江总督。端方用人们习惯的称呼命名图书馆，也是很自然的。

江南图书馆随着时代的变迁，馆名屡有更易。民国元年（1912 年）2 月，改名为江南图书局。民国二年（1913 年）7 月，又改名为江苏省立图书馆。民国八年（1919 年）因苏州学古堂改名为江苏省立第二图书馆，故又改名为江苏省立第一图书馆。民国十六年（1927 年）因实行"大学区制"，统辖全省教育工作，又改名为第四中山大学国学图书馆。民国十七年(1928年)2月,第四中山大学改名为江苏大学,馆名也随之更改,5月江苏大学改名为中央大学,馆名随校名改为国立中央大学国学图书馆。民国十八年(1929年)10月,复改馆名为江苏省立国学图书馆,此时大学区制取消,仍直属于江苏省教育厅社会教育司。至此,馆名才趋于稳定(表一)。

表一 馆名更易表

年　　代	变　更　情　况
清光绪三十三年 (1907年)	清末端方在江宁(今南京)筹办图书馆,聘缪荃孙为总办
清光绪三十四年 (1908年)	于惜阴书院后修建藏书楼二幢,1909年9月竣工后,定馆名为江南图书馆
民国元年 (1912年)	2月27日,江南图书馆与江南通志局合并,称江南图书局(偶称南京图书局)
民国二年 (1913年)	7月2日,更名为江苏省立图书馆
民国八年 (1919年)	更名为江苏省立第一图书馆
民国十六年 (1927年)	9月2日,更名为第四中山大学国学图书馆
民国十七年 (1928年)	2月,更名为江苏大学国学图书馆
民国十七年 (1928年)	5月,更名为国立中央大学国学图书馆
民国十八年 (1929年)	10月,更名为江苏省立国学图书馆
1952年	10月,江苏省立国学图书馆奉命并入国立南京图书馆

五、发展

江南图书馆成立后,即遇清廷覆灭、辛亥革命、北伐战争,隶属关系一再变换,业务很难开展,有时仅派员保管。

1927年7月1日,著名史学家柳诒徵奉江苏省教育厅函聘,任江苏省第一图书馆馆长。1929年10月,馆定名为"江苏省立国学图书馆"。从此,进入了一个稳定的发展时期。

柳诒徵接掌馆务后,整理图书、制定规章、开放阅览、开展学术研究,负一时盛名。1935年,读者蔡尚思着文评介国内图书馆:"国内可以代表中国文化之大图书馆,究竟有几?大概言之,最大者当推在北平之国立北平图书馆,次大者则推在南京之江苏省立国学图书馆……"(《江苏省立国学图书馆第八年刊》"专著"第一篇《学问家与图书馆》),文后又列举了国学图书馆的"五种特色"。

六、劫难

1937年,抗日战争爆发,国学图书馆停止阅览,奉命将3万册古籍运往兴化,后全部被日伪军焚毁。其余珍籍藏于故宫地库,后被日军发现劫移至竺桥地质陈列馆。抗战胜利后,柳诒徵多方查找,亲访接收大员,要求发还国学图书馆藏书和书架等设备,甚至不惜长跪以求,方如所愿。经清点有藏书18万册,整理后于1946年8月1日恢复开放。

七、合并

1949年3月7日,江苏省教育厅正式批准柳诒徵退休,由金宗华继任馆长,4月初办理了移交手续。

南京解放后,其于1949年5月7日由南京市军事管制委员会文教委员会宣布接管。火中劫余的近20万册珍贵古籍完整地交给人民政府,为此,受到南京市军管会的通报表扬。1950年7月,由华东军政委员会文化部领导。

为了丰富馆藏,开展学术研究,国立南京图书馆馆长贺昌群亲赴中央文化部请示,获准将藏有"八千卷楼"等珍籍的国学图书馆并入国立南京图书馆,并于1952年10月1日两馆工作人员庆祝中华人民共和国成立三周年大会上正式宣布了这一决定,至此国学图书馆的历史终止。

第二节　国立中央图书馆

一、筹建

1927年,国民革命军攻入南京,4月,蒋介石在南京成立"国民政府"。国民政府废教育部,改设大学院。1928年5月,大学院在南京召开全国教育会议,决议筹建一个国家图书馆,作为全国的藏书中心,并供首都机关及各界人士参考研究之用。

1933年4月8日,教育部派蒋复璁为国立中央图书馆筹备处主任。4月21日,租赁南京沙塘园民房为筹备地点,正式开始筹备。

翌年,筹备处接管了中央研究院出版品国际交换处事务,与国外许多国家建立了交换关系,又添租双井巷民房为另一办公地点。

1935年,经与中央研究院协商,后者同意将其成贤街总办事处房地产折价转让。1936年2月10日,筹备处迁入成贤街,当时院内有西式二层楼房四栋。9月1日,阅览室对外开放。

中央图书馆在筹备期间,于1937年成立了由戴传贤、朱家骅、梁思成等组成的"国立中央图书馆建筑委员会",着手进行选馆址和建馆舍工作。由中英庚款董事会拨助建筑费150万元,勘定国府路(今长江路)土地46亩为建馆基地。正当等待会审建筑设计图纸时,抗日战争爆发,建馆一事暂停。

二、迁渝

因敌机轰炸南京,中央图书馆筹备处于1937年8月奉命撤离,择要携带图书130箱,经武汉、长沙、宜昌至四川重庆。1938年5月1日,在重庆设立参考阅览室,特设抗战文库公开阅览。

1939年3月,因敌机又轰炸重庆,筹备处疏散至江津县白沙镇的一个乡村,并在白沙镇设民众阅览室。

1940年8月1日,结束筹备事宜,正式成立中央图书馆,由蒋复璁任代理馆长(后即任命为馆长),并公布了《中央图书馆组织条例》。

1941年1月,在重庆两浮支路(今长江路)兴建重庆分馆,前三层为阅览办公楼,后五层为书库,正式开放阅览。重庆中央机关的一些文化活动都借用中央图书馆重庆分馆举行,因而被称为"战时文化之宫"。

抗战期间,利用中英庚款董事会补助中央图书馆的建筑余款120万元和教育部拨给的200万元在上海沦陷区等地搜购到古籍10多万册。

三、返宁

日本无条件投降后,中央图书馆将重庆分馆及部分图书、设备转赠国立罗斯福图书馆筹备处(现为重庆图书馆),返回南京。

南京中央图书馆奉行政院令接收了泽存书库、上海东亚同文书院图书馆等多处敌伪图书。恢复了成贤街阅览室,开辟了北城阅览室和中区阅览室。1946年9月,在成贤街院内动工兴建三层阅览楼一栋,1947年4月建成。

1948年底1949年初,中央图书馆部分人员将馆藏珍籍装箱分三批运往台湾。去台人员有蒋复璁、屈万里、王省吾、苏莹辉、昌彼得、任简、储连甲、顾华、舒纪维、蓝干章等,大部分人员留下来迎接南京解放。

第三节　国立南京图书馆——南京图书馆

一、隶属关系

1949年后,南京图书馆分为国立图书馆和省级图书馆两个阶段。

"国立图书馆"阶段从1949年4月23日南京解放沿用中央图书馆旧称起,到1954年7月奉中央文化部令改称"江苏省图书馆"止。

1949年4月28日,中国人民解放军南京军事管制委员会成立。

1949年5月23日上午9时,南京市军事管制委员会文教委员会大专部长赵卓到馆,在全体员工大会上宣布:"今天是国立中央图书馆宣布正式接管的一天,也就是国民党伪法统治结束的一天,以后,国立中央图书馆便永远的属于人民了,永远的为人民服务了……"接管后,南京图书馆暂由军管会文教委(后称高教处)领导。

1950年2月27日,文化部文物局发文,令本馆正名。全文如下:"令国立南京图书馆 我局呈经文化部批准你馆正名,并以贺昌群为馆长。复奉部令颁发印信到局。兹检发你馆木质印信一颗,暨部中颁发令一件,希即查收启用,着将启用印信日期,及馆长任职日期,连同拓具印模四份呈局,以便转报文化部,并应交销旧印信为要。此令 局长郑振铎 副局长王冶秋 1950年2月27日"(文物局令物字第500号)。

"正名"文件下达20多天后,准备工作基本就绪,贺昌群馆长也到馆就任,于是于1950年3月19日正式宣布馆名改为"国立南京图书馆"。

"正名"后,图书馆由中央文化部文物局(后称社会文化事业管理局)和华东军政委员会文化部双重领导。

1951年,图书馆在《文物参考资料》第7期上发表题为《南京图书馆解放后的工作情况与总结》一文,对于图书馆的性质、任务与隶属关系是这样说的:"本馆是一个国立图书馆,直属中央文化部文物局,同时接受华东军政委员会文化部的领导,这就决定了本馆的地位与服务对象。中央文物局的指示,也希望本馆能成为华东区一个领导性的图书馆。本馆的服务对象,不仅限于南京市,而应着眼于全华东区。……在不久的将来,华东区必然要建立广大的图书馆网,本馆将起推动与组织作用。"

中华人民共和国成立初期,主管部门给予图书馆的经费极少,在《国立南京图书馆1952年工作计划及预算草案简要说明书》中谈到,"1951年购书费,每月不过600万元(今人民币600元)至1000万元(今人民币1000元),还不及上海工人文化宫图书馆的购书经费,这绝不是一个中心图书馆的正常现象"。由于经费奇缺,加上中央图书馆的遗留问题较多,馆内的机构也不健全,很难开展对华东地区图书馆的调查、联系、辅导工作,因而,领导华东区图书馆的工作方针,也就没有得到很好的落实。

1953年底,国内大行政区准备撤销,江苏省人民政府又于1953年1月1日正式建立(原为苏南、苏北行政公署),需要一个省级图书馆。为此,文化部有意将南京图书馆改为江苏省属图书馆。

第一章 概 述

1953年12月,馆长贺昌群赴京向文化部请示图书馆1954年工作计划时,文化部社管局王冶秋副局长等领导嘱贺馆长回宁后,代为口头征询华东文化局和江苏省文化局关于南京图书馆改为省馆及旧书处理事宜。12月8日,贺馆长向江苏省文教委员会李进秘书长、省文化局钱静人局长转述文化部意见。1954年1月4日,贺馆长又赴华东文化局向刘雪峰局长汇报。文化部根据华东文化局和江苏省文化局意见,于1954年2月以(54)文厅赵字第137-1号函,告知江苏省文化局,"兹经本部社会文化事业管理局派员调查,并与华东、江苏省有关方面及贺馆长再三磋商,反复研究后特作如下的决定:一、南京图书馆改称江苏省图书馆,由江苏省文化局领导……"。

1954年7月6日,文化部以(54)文部郑字5334号函,正式通知江苏省文化局,南京图书馆改为省馆。

在改为省馆时,因考虑到南京图书馆在国内外已有一定影响,已与不少国家和地区建立了出版物交换关系,决定仍用原名南京图书馆至今。这是国内唯一以省馆所在地命名的省级图书馆。

改为省馆后,文化部将馆藏中的公报、外文书刊、古籍等61万册,装载三节车皮运往北京,调拨给北京图书馆。

这时,馆内藏书仍有220万册,在省级公共图书馆中规模最大。

改为省馆后,图书馆在江苏省文化局(厅)领导下,加强自身建设,努力为读者服务、为江苏地区的经济建设服务,取得了显著的成绩。

二、办馆理念

在中华人民共和国成立后的60余年中,南京图书馆的办馆理念可概括为宣传马列主义、毛泽东思想、邓小平理论、三个代表重要思想和科学发展观,为经济建设、文化建设和科研服务,为广大读者服务。但是在各个历史阶段,侧重面却不尽相同,随着国民经济的恢复、发展、改革开放和几次政治运动的开展而不断调整。

1. 恢复与起步阶段(1949—1955年)

中华人民共和国成立初期,南京图书馆接收了社会上大量的旧书刊,急切需要整理,为此,根据上级的指示,贯彻以整理旧书工作为主,适当的做群众工作,大规模地进行了整理旧书、调整布局的工作。

馆内人员工作热情很高,在很短的时间内,恢复了正常的业务工作,受到文化部赞扬。文化部文物局1950年1月来函中写道:"首先应总结出你馆性质方面已起了一个根本的变化,已把一个为少数人服务的藏书楼,扭转成为人民大众思想教育的场所,这是非常重要的一点。也是新中国图书馆事业的基本方针。在这方面已确有不少成绩,如开辟新知识阅览室,成立群众教育补习班,举办展览等。应当明确这是由于解放后南京军管会及人民政府的正确领导,与全体员工政治觉悟提高的结果。希望你馆紧紧把握这个方向,继续努力,以求工作进一步的提高,创造积累经验,准备迎接文化高潮,并应吸取苏联图书馆事业的先进经验,向他们学习,与国内各图书馆、尤其是几个国立图书馆交流经验教训,互相砥砺学习,共同推进新中国的图书馆事业。兹附国立北京图书馆1950年工作计划。"

1953年夏季,文化部社管局又指示:"将工作重心转变为以开展新书阅览为主,适当地有步骤地进行旧书整理。"(文化部社管局图办字第1616号)

为贯彻这一方针,南京图书馆逐步开放了成贤街普通阅览室及期刊阅览室、长江路阅览室、颐和路阅览室,阅览室藏书以中文通俗新书为主。

此外,还建立了数处图书流通站,做了大量的普及工作。

2. 逐步转向为科研服务阶段(1956—1963年)

1956年,党中央提出向科学进军的号召,文化部召开了第一次全国图书馆工作会议。"为科学研究服务"成为这一时期图书馆共同执行的办馆方针及办馆理念,图书馆事业得到了较大的发展。

1957年,南京图书馆加强了参考阅览工作,设立了5个专科阅览室,扩大了机关团体外借工作,与省内外41个公共图书馆、高校图书馆建立了馆际互借关系。汪长炳副馆长还制定了《南京图书馆十二年远景规划纲要》。

为科研服务的理念在1958年"大跃进"开始后受到一定影响。根据全国省、市、自治区图书馆工作跃进大会倡议的"十比"要求,南京图书馆制定了跃进指标,在1958年"工作计划"中,要求1958年年内"读者达到150万~200万人次,图书借阅220万~260万册",均比1957年增加三倍。又一次大搞普及工作,提出开门办馆等。

1961年,省文化局向南京图书馆提出:"应逐步稳妥地转入为科学研究服务为主"的指示。文化部于1961年11月来函中也要求"进一步加强和改进图书馆为科学研究和发展生产服务,为贯彻'双百'方针服务"。为此,南京图书馆在1961年的

"工作报告"中提出:"普及科学文化知识的书刊阅览流通工作一般不发展,并缩短期刊阅览和图书流动站的战线而着重在原有基础上提高工作质量。"扭转了"大跃进"以来大力发展普及工作的局面。

3. 突出为政治服务,为三大革命运动服务阶段(1964—1977年)

1964年后,"突出政治"的气氛渐浓。1965年5月7日,省文化局汤池副局长代表省文化局在市县馆业务座谈会上的报告中指出:"图书馆的任务是什么?必须高举毛泽东思想的伟大旗帜,突出政治,抓住阶级斗争这个纲,更好地为阶级斗争、生产斗争、科学实验三大革命运动服务。"会后,馆内组织了办馆方针、任务的大讨论,"为科研服务"的方针退居到次要的地位。

1966年"文化大革命"运动开始后,南京图书馆如同其他文化事业单位一样,遭受严重摧残,数百万册图书成了封、资、修的大杂烩而遭禁锢。副馆长陈毅人,著名史学家、经济学家朱偰,南明史专家钱海岳相继在运动中遭迫害致死。部分干部下放,剩下的人员闭馆搞"斗、批、改"。

1971年6月1日,根据"文革"的需要,恢复部分开放,但仍然是"以批修整风为纲","抓好意识形态领域里的阶级斗争"(《南京图书馆1973年总结》)。在这一思想指导下,馆内业务得不到正常发展,在图书采购等方面,还出现过畸形发展的情况。

1974年,国家文物事业管理局胡耀辉来到江苏检查工作。在馆办公室负责人何人俊草拟的向胡耀辉口头汇报的材料中说:"认真总结经验,充分发挥书刊为工农兵服务,为三大革命运动服务,为巩固无产阶级专政服务,是当前图书馆工作的一个新课题。委婉地表达了开放图书,发挥书刊作用,全面开展业务工作的愿望。"

1975年,全国范围内开展"反击右倾翻案风",南京图书馆工作又一次遭到严重摧残。

4. 改革开放阶段(1978—2013年)

(1) 1978—1995年

1978年,党的十一届三中全会后,南京图书馆工作逐渐得到恢复和发展,医治了十年动乱带来的创伤,确立了为社会主义精神文明和物质文明服务的方向。

1980年5月,中共中央书记处讨论通过了《图书馆工作汇报提要》,"提要"对公共图书馆的任务作了明确规定:"为科学研究和广大群众服务",省馆的主要任务就是为科学研究服务,图书馆工作的重点逐步转移到为经济建设服务。为此,南京图书馆增加了订购外文科技书刊的经费,加强了参考咨询工作。1983年开设了外文书刊阅览室、文献检索阅览室、社会科学参考阅览室等,充实了室内藏书。进行馆纪馆风的整顿,开展优质服务竞赛,提高服务质量。

随着改革开放的深入,社会各界对省图书馆的要求越来越高,促使南京图书馆在服务方式等方面不断改革。南京图书馆1988年"工作要点"中指出:"1988年,我馆各项工作的指导思想是,认真贯彻党的十三大精神,以四部委院《关于改进和加强图书馆工作的报告》为指标,深化改革,理顺关系,加强基础,突出重点,为争创文明馆打好基础。"

为此,南京图书馆挖掘潜力,对外敞开发证,实行开架服务,最大限度地发挥书刊的作用;实行定题服务、视听服务等多层次的服务方式。其中每年定期到省内各市县举办国外最新科技、轻工艺术书展,成为这一时期颇受基层图书馆欢迎的服务方式。

进入1990年代,"深化改革"仍然是这一时期各项工作的指导思想。正如1994年工作总结所说:"抓住机遇,深化改革,全面推进各项工作,以文化部评估标准为依据,切实改进工作,使全馆业务总体水平再上一个台阶"。

这一时期,南京图书馆大力整治环境,克服过去阅览开放部门脏乱差的现象;特藏部、古籍部先后搬入新馆舍开放;流通部门克服经费短缺,新书递减的困难,调整藏书布局,大力做好读者工作;积极主动地为党、政、军领导机关决策服务,编发《南京图书馆信息专报》,由省政府办公厅信息处专送省委、省政府主要领导;计算机技术逐步进入编目、流通、查检等领域;科研工作在整体上得到加强,尤其是在1996年北京国际图联大会征文活动中,取得了良好的成绩。

1994年12月15日,南京图书馆党总支书记、副馆长袁大智在全馆大会上宣布了外借部率先进行改革的决定,宣读了按照文化部评估要求制订的《外借部目标管理责任书》,其中包括实行双班倒班制、延长开放时间、建立严格的考核制度等。

1995年4月10日,省文化厅厅长潘震宙与袁大智副馆长签订了《南京图书馆一九九五年度目标管理责任签约书》。随后,馆长与各部门主任又签订了各部门《目标管理责任书》。1995年年终时,进行了严格的考核,对签约意识强、任务全面完成的部门给予奖励。新的管理体制在南京图书馆全面实施。

(2) 1996—2013年

1996—2013年,正值落实"九五"和"十五"事业发展规划时期,是南京图书馆事业快速发展的不平凡的年代。

南京图书馆是全省唯一的省级公共图书馆,是一所综合性研究型的大型公共图书馆,代表着 21 世纪江苏图书馆事业的发展水平和发展方向。它的建设应与全省社会和经济发展水平相适应,与全省建设经济强省、文化强省相匹配。南京图书馆肩负着保存历史文化典籍的重任,是为全省改革开放和现代化建设提供文献信息服务的保障中心,是江苏重要的信息枢纽,是全省精神文明建设的重要基地。

长期以来,南京图书馆一直得到江苏省委、省政府的高度关心和有力支持。省政府为了提高南京图书馆为"三个文明"建设服务的水平,确定新世纪达到"国内一流,世界先进"的水平,于 1997 年 4 月 29 日下发苏政复〔1997〕48 号文,批准南京图书馆为"相当于副厅级全民事业单位"。1998 年 8 月,上级调整了南京图书馆领导班子,由马宁同志任党总支书记、常务副馆长。新领导班子以新馆建设为契机,以改革创新为动力,以服务读者为中心,建立起了与新馆相适应的新的管理机制和运行机制。

2003 年 1 月,根据事业发展需要,经省委组织部批准,建立中共江苏省南京图书馆委员会。同年 6 月,任命马宁同志为党委书记。中共南图党委的成立,为事业发展和各项工作的开展提供了有力的组织保障。

南京图书馆高度重视计算机、网络和通信技术在图书馆中的应用,将自动化、网络化作为业务发展的新平台,努力推进信息化建设。根据文化部关于数字图书馆建设的要求,以及省政府关于建设信息化大省的总体目标,以建设全省公共图书馆文献信息服务体系和江苏文化信息资源共享工程为目标,以馆藏特色文献数字化为重点,自动化、网络化和数字化建设取得长足发展。引进了功能完善的集成图书馆管理系统,实现了业务管理的自动化,建成了能提供稳定、完全数据通信服务的局域网和广域网接入系统,建成了馆藏中外文回溯性书目数据库和一批具有江苏特色的专题数据库,为南京图书馆信息化提供了数据库支持,也为全国大型基础数据库建设提供了核心资源。通过南京图书馆网站和江苏文化网的建设,建立起网上服务的综合平台。

南京图书馆读者服务工作坚持"以人为本,读者第一"的宗旨,充分挖掘和合理配置现有文献资源、设施资源和人力资源,整合读者服务部门,统一管理服务窗口,制定面向服务一线的倾斜政策,应用现代化手段深化和创新读者服务,增强了面向全省服务的辐射。克服馆舍条件的局限,尽可能扩大开架借阅范围,全年 365 天开放;降低办证门槛,关注弱势群体,为再就业人员、外来务工人员、残障人员服务。南京图书馆盲人图书馆已成为助残服务的重要窗口,形成服务的一大特色。结合形势和任务,举办中高层次的讲座、报告会和书刊展览等。走出馆门,在部队军营、农村、小区和建筑工地建立图书流通点。在一些民办院校设立分馆,常年与有关部门联合开展群众性的读书活动,为建设学习型社会作贡献。

南京图书馆历史文献的开发与利用是文献信息服务的重要组成部分。这些年来,通过业务重组,将特藏部与古籍部合并为历史文献部,加强了对历史文献的系统管理和保护。在保护的前提下,加强了历史文献基础性的开发与利用,为历史文献资源的共享创造条件;另一方面,根据业务基础建设和科研需要,遵循分工协调的原则,有计划地开展历史文献数据库建设,若干有特色的历史文献数据库已建成或正在建设之中。

南京图书馆充分发挥在全省图书馆的龙头作用,承担了市、县、区图书馆的业务指导和培训任务,发挥了组织、协调和服务功能,加强了对市、县、区图书馆的调查研究,就公共图书馆事业建设、业务建设和人才培养等方面提出了诸多建设性意见。

南京图书馆学术研究走上健康发展之路,学术研究常规化、制度化。南京图书馆制定的"九五""十五"规划,为事业建设和发展提供了依据,为学术研究的繁荣创造了必要条件。

南京图书馆作为国际图联(IFLA)成员,积极参与国际图联大会和理事会活动,多次派员出国考察学习、访问,不断扩大对外交流,加强了与欧美、澳大利亚、日本、韩国及港澳台地区图书馆的协作和交流。

南京图书馆参加了1998年底全国第二次公共图书馆评估定级,被文化部评为国家一级图书馆。2004年全国第三次公共图书馆评估定级时,因南京图书馆新馆在建,经文化部同意不参加本次评估定级,但仍按文化部颁发的《省级公共图书馆评估标准》检查对照,以促进事业发展和各项工作的开展。2013年参加了全国第四次公共图书馆评估定级,南京图书馆以满分名列省级公共图书馆前列。

三、馆舍

南京图书馆由于形成的历史复杂,馆舍分布于市内多处,后经整合现分布于市

第一章 概　述

内两处。

南京图书馆新馆坐落在中山东路189号,老馆坐落在成贤街66号,即中央图书馆旧址。原龙蟠里9号(原为国学图书馆所在地)和颐和路2号(原泽存书库旧址)并入于1993年在虎踞路85号建成的新古籍大楼,新馆建成后古籍大楼也并入新馆。

因中央图书馆没有建过正规书库,图书分散藏在成贤街、网巾市等几处小平房内。1959年,紧靠南京工学院(今东南大学)医院旁南京图书馆建成一栋五层书库。为节约经费和节省材料,采用了木结构叠加式,结构简单、朴实,空间利用率高,建筑面积2392平方米,使用面积2000平方米,书架为双面六联架,总架位(单面)2860个。

1974年,距五层藏书楼建成15年后,又一次出现书库爆满的困境,建造更大的藏书库已成为十分紧迫的任务。1975年11月,南京图书馆8000平方米书库工程破土动工,至1979年底竣工,历时4年。书库为八层,升板结构,防震性能好,铁制书架。又在原五层书库西面外接五层保存本书库1312平方米,加上两大书库中间的连接体141平方米,共计建造8150平方米。

与新建藏书楼配套的五层阅览大楼,于1979年4月动工,1982年6月竣工,建筑面积4800平方米。

八层书库和阅览大楼均始建于1970年代,受建筑经费的限制,建筑档次不高,难以与国内新建的省馆相比。

几年后,成贤街馆舍进行庭院改造工程,拆除了中央图书馆留下的小红楼和门楼,建造配电房、传达室和活动铁栅门,但中央图书馆于1947年4月建成的三层阅览楼仍完好地保存着。

在龙蟠里9号进行过两次修建工程。清末建造的藏书楼——陶风楼,因年久失修,白蚁蛀蚀,破损严重。1962年江苏省委书记刘顺元、彭冲等视察后,认为应保留这一在省内外有一定影响的藏书楼,于是决定由省政府拨款20万元重建,改砖木结构为钢筋水泥、砖木混合结构,但外观保持与原来一样。

1987年,因查阅龙蟠里所藏民国时期资料的读者增多,而阅览室狭小又远离书库,经一再申请,省政府拨款170万元进行扩建。建成的三层书库、阅览楼位于陶风楼前,呈对称性,并与陶风楼风格协调一致。1989年10月竣工,建筑面积2000平方米。

位于城西虎踞路85号古籍大楼的筹建经历了一个较长的申报过程。藏有南京图书馆全部珍贵古籍的颐和路2号藏书楼是一座建于1940年,建造时偷工减料的砖木结构楼房,质量较差。经建筑部门勘查,早已是一座墙体下沉、墙壁内倾、梁榫不接、不宜重载书籍的旧房。南京图书馆于1983年8月、1987年3月、1989年分别向省政府和省文化厅申报新建古籍大楼,1990年8月4日终于举行了虎踞路古籍大楼开工奠基典礼,省政府副秘书长许京安、省文化厅厅长王鸿等出席。工程于1993年竣工验收,1994年上半年颐和路馆舍所藏古籍全部搬入。古籍大楼总面积1万平方米,其中书库6000平方米。

2001年5月29日,南京图书馆新馆举行了奠基仪式,新馆坐落在南京长江路、太平南路和中山东路交界处,占地2.52万平方米,建筑面积7.8万平方米。

2002年9月6日,省政府专门成立了南京图书馆新馆建设指挥部,由省国资公司负责新馆建设资金的筹措,南京图书馆作为使用单位,派人参加工程建设。

2003年2月18日,新馆破土动工。在各级领导的重视和关怀下,经过多方努力,南京图书馆新馆建设工程历经三年基本完成,于2006年10月正式交付。

南京图书馆新馆位于南京市中心大行宫北侧,与中国近代史遗址博物馆(总统府)隔街相望,南临中山东路城市景观主干道,北接长江路"文化一条街",西傍太平北路,东邻新建成的大行宫市民广场,西南角与地铁2号线以及地铁3号线大行宫站紧邻,交通便利,极大地方便了读者的使用。

2005年国庆以及第十届全国城市运动会在南京举办期间,新馆作为南京市"十大景观"之一以及重点亮化点,接受市民的检阅。

南京图书馆新馆的建成,结束了馆舍长期分散的时代,也结束了那个时代囿于客观条件许多工作难以展开的无奈。它掀开了南京图书馆历史崭新的一页,也必将用浓墨重彩描绘它作为全国一流图书馆的新篇章。

第二章　江苏省立国学图书馆时期馆刊

自1927年柳诒徵接任江苏省立国学图书馆馆长后,每年出版一期《江苏省立国学图书馆年刊》,每期50万字左右,连续出版了10年,后因抗日战争爆发而停刊。国学图书馆年刊类似年鉴。每期年刊中,既有馆内同人撰写的学术论文、馆藏报告,又有馆内一年中业务、交往等方面的实录。年刊的办刊宗旨是倡导学术,每期刊载有文史、版本等论文数篇。年刊除了文字、图表外,每期均有铜版图像、书影等数幅。

抗日战争胜利后,因忙于查找散失书籍、整理馆藏,馆长柳诒徵又因年迈体弱多次向省教育厅提出辞呈,因此,不可能再继续出版《江苏省立国学图书馆年刊》。为了使一些重要的档案数据不致散失,国学图书馆拟以《江苏省立国学图书馆丛刊》的形式,不定期分专辑出版。1948年1月,出版了《江苏省立国学图书馆丛刊》第一辑。

第一辑名为《盋山牍存》。小32开本,6.5万字。全书收录了从1937年1月至1938年7月、1945年8月至1947年12月间馆长柳诒徵或以个人名义,或以国学图书馆的名义向兄弟单位、上级单位和读者等寄出的信函135封。

1948年下半年,又出版了《江苏省立国学图书馆丛刊》第二辑,也是最后一辑。此辑为原国学图书馆参议、中央大学教授王瀣(伯沆)《冬饮庐遗诗》和近代著名学者朱铭盘《两晋宋齐梁陈会要目录》的合集。

第一节　《江苏省立国学图书馆年刊》

《江苏省立国学图书馆年刊》是1927年柳诒徵接任江苏省立国学图书馆馆长后出版的,每年出版一期,每期50万字左右,连续出版了10年,共10期。南京图书馆现有馆藏10期。

《江苏省立国学图书馆年刊》因馆名变更等原因,刊名名称前后不统一,分列如下:

《中央大学国学图书馆第一年刊》	1928年12月出版
《国学图书馆第二年刊》	1929年11月出版
《国学图书馆第三年刊》	1930年11月出版
《国学图书馆第四年刊》	1931年10月出版
《江苏省立国学图书馆第五年刊》	1932年12月出版
《江苏省立国学图书馆第六年刊》	1933年11月出版
《国学图书馆第七年刊》	1934年11月出版
《国学图书馆第八年刊》	1935年10月出版
《国学图书馆第九年刊》	1936年10月出版
《国学图书馆第十年刊》	1937年10月出版

一、《中央大学国学图书馆第一年刊》

(一)《中央大学国学图书馆第一年刊》书影

1.《中央大学国学图书馆第一年刊》封面(图一)

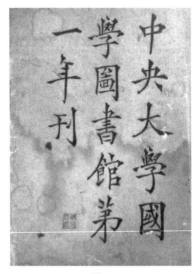

图一

2.《中央大学国学图书馆第一年刊》目录(图二、图三)

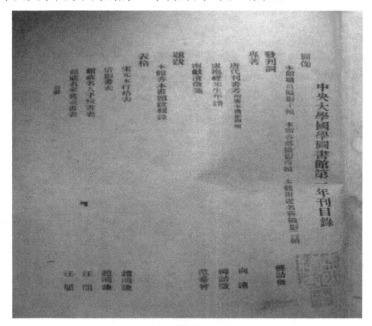

图二

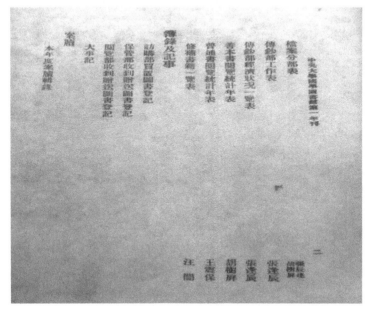

图三

3. 图像(图四至图十三)

图四

图五

图六

图七

图八

图九

图十

图十一

图十二

图十三

(二)《中央大学国学图书馆第一年刊》主要内容及解读

该年刊开本16开,共299页。封面题有《中央大学国学图书馆第一年刊》,封面反面刊登中央大学国学图书馆征求海内世族谱牒启事。第一页为中央大学国学图书馆第一年刊目录,目录共正反2页,依次为:

图像——本馆职员摄影十帧　本馆各部摄影四帧　本馆附近名胜摄影二帧

发刊词——柳诒徵

专著——唐代刊书考(附唐本摄影四帧)　[向达]

　　　　虞抱经先生年谱　[柳诒徵]

　　　　南献遗征笺　[范希会]

题跋——本馆善本书题跋辑录

表格——宋元本行格表　[赵鸿谦]

　　　　借影书表　[赵鸿谦]

　　　　馆藏名人手校书表　[汪闿]

第二章 江苏省立国学图书馆时期馆刊

　　　　馆藏名家旧藏书表　〔汪闇〕

　　　　档案分部表　〔张长逢　胡树屏〕

　　　　传抄部工作表　〔张逢辰〕

　　　　传抄部经济状况一览表　〔张逢辰〕

　　　　善本书阅览统计年表　〔胡树屏〕

　　　　普通书阅览统计年表　〔王震保〕

　　　　修补书箱一览表　〔汪闇〕

　　簿录及记事——访购部买置图书登记

　　　　保管部收到赠送图书登记

　　　　阅览部收到赠送图书登记

　　　　大事记

　　案牍——本年度案牍辑录

　　从目录上看，该年刊类似年鉴。既有馆内同人撰写的学术专著、题跋、表格等，如"唐代刊书考""虞抱经先生年谱""本馆善本书题跋辑录""馆藏名人手校书表""宋元本行格表""借影书表"等等，又有馆内一年中业务、交往等方面的实录，如"传抄部工作表""传抄部经济状况一览表""善本书阅览统计年表""普通书阅览统计年表""修补书籍一览表""访购部买置图书登记""保管部收到赠送图书登记""大事记""本年度案牍辑录"等等。

　　1. 柳诒徵馆长的发刊词，其内容是：诒徵无似未尝攻图书馆学，承乏盋山忽已经岁，既刊馆章、缉馆史、理董馆书增益而刊布之。爰综一岁中，同人黾勉图维，讨议施行之迹，都为年报贡之，邦人非以稽绩昭不敏也。缅维先哲笃生二千，禩前楬猪大义曰：大道之行也，天下为公，公天下奚自乎曰自学曰自图书馆。不学，恶知所谓公抢攘吊诡惟食是求。老身长子玩岁视息懵，不知有社会国家终于人竞，其私坐受天行之淘汰而已。惟笃于学旷然知宙合之流演，察人群之环倚，举心知血气悉隶于畴类之一。官必积么匿为拓都，然后相助相成，翕大群而同跻于至善。虽方册名物所诏，不尽依此鹄的，抑其悟瀹灵府证者，上下千古，昭昭不可遁已。惟昔学人好是懿德，羽陵册府、以觉后觉，刊石雕木，用代迻录，一人一家一师之私，必公之于世而无吝，匪以罔名钓利也。帝王之延阁中秘私人之巾箱书楼，若私其有矣，然录略流布，缃帙汇集，远以延千哲之绪，下以启群儒之求，亦所以为天下也。李唐、赵宋、以迨明清名山，大都讲学之所号曰"书院"，家无片楮者，挈阅其中，卒成魁儒。

殆难缕计学术为天下公，器不其信欤？海通以还世运不变，欧海美陆之新法闳制，奔赴东亚与吾国。先民风矩接拘，国人乃益拓其心量，谋化群私而臻大公语，其权与式维图书馆肇自都会迤及邑里珍秘之本。新特之轶，九流百氏，殊方绝代之文，网罗比次，鳞集羽萃守藏掌。固各有司存高其轩楹、广其穽奥、洁其几席，其听闻以待稽古通今。泛览专攻之士，无挽倪丁妇之别第，寄思栖心于是者，靡不应其需餍所欲。呜呼，斯诚公天下之枢辖矣。当世运未进，邮伟航轨未捷之时，高赀世家、韦布素门，奕叶里居，足不越城关，凿楹架阁束架插贴之云，仍滕之侄娣，播于歌咏，传为美谈。然而，蟫蟊鼠啮，巧偷豪夺，不肖子姓，代薪袭履、贱鬻穷偾、任藏获驵侩，捆载包裹而去，或丁水火之厄、罗风鹤之警，捄护攘移、力竭神沮者无论矣。即平居无事，诵习优游，访求沽贳，损日耗财，因以启争妒，召阋阅，犹不可以独私剞乎？近世州域棣通疆索无阻，宦学事师不恒厥居，矜皮藏则室迮人旷，备提携则囊俭途遥，通行习见之书，已不能人人购置，里闾载之行篋，况欲跂陌宋、千元之躅，垂诸久远乎？故昔之人，生可以私其书之时，而私之，而犹时时推一人之私以适群众之私。今之人，则生于不能私其书之时，而不必私其书之制乃相因而生，渐推渐广焉！由是知公天下者，非复绝不可几之境也。虽然此弟论其制度之性及相须之势耳，尸是职者，不审斯义，则其为害于公者，乃无艺辇金以造屋，则蚀于公，囊币以购书，则蚀于公，坐食废事，则蚀于公，甚至扃缄锁轮、举楮墨饱虫鱼，而饰词以堨人之窥观，或袖藏囊载，存名易，实转公家之籍入于私门，而目录档册亦可迻易割夺，莫可根究，于是笃旧之士，因噎废食。闻公家设馆之议，则瞿然谓吾所有宁藏之敝庐为不肖子窃售，不可公有，又其次者，稗贩新法，标举题号取便检寻，不求实获，使嗜学之徒，持一义悬一题，诣主者叩以宜阅何书，乃得其解证，则瞠目不能答，徒令学子失望而去，谓吾苟积金以藏书，视之若馆便也。综此二弊，而公家储书之举，犹若不适于吾国、而惟欧美、日本之风尚为足多焉？诒徵与诸同人有鉴，于是耻其德之不修而学之不讲也。务涤厥私，以勉于学，守法必严，束身必谨，万有之学不能尽谙、则合多人竭日力以绲泅于学海，冀微窥其涂辙，龃理以待群彦之责，索体大劣，胆念悬鹄，未知何日克副其所期，持此笺以求教于大雅，薄海内外尚公奖学之君子，幸不鄙其庸妄而督教之。

2. 该年刊除了文字外，还有大量的图片和表格，其中图片有馆长柳诒徵肖像，参议王灜、汤用彤、陈汉章、李小缘等肖像，主任赵鸿谦肖像，主干范希会、张逢辰、向达等肖像，本馆职员全体人员合影，本馆大门、本馆图书室、本馆藏书楼之外观及本馆藏书楼之内部等影像,本馆附近名胜(乌龙潭)影像以及从乌龙潭望本馆影像等。

表格中有称表格而非表格者,如"宋元本行格表",从第五行至第二十行,每行都有文字说明,这里就不一一表述了。又如"借影书表""馆藏名人手校书表""馆藏名家旧藏书表"等也是以文叙述内容。亦有大量的表格是统计类表格,如"善本书阅览统计年表""普通书阅览统计年表",表中按经、史、子、集、丛部和志部分类,每个部又细分若干项目,详细记载了一年来善本书和普通书阅览情况,可谓是细里再细啊,从表中可以看出一年来哪些善本书阅读次数较多,哪些普通书阅读较多,哪些是读者需求量大的,哪个年代的善本书阅览较多,哪个年代的普通本阅读较多等等。又如"传抄部工作表",表中先按一月至十二月排序,每个月又按人员排序,每个人再按完成的书目统计,从表中能看出哪个月哪个人完成任务情况。再如"修补书籍一览表",详细记载了一年来所修书的书目、数量等等。

3. 该年刊中的"访购部买置图书登记",详细记载了所购置图书的书目、数量等,"保管部收到赠送图书登记"和"阅览部收到图书登记"则详细记载了哪个单位或个人赠送了什么图书以及所赠送的图书数量。

(1)"访购部买置图书登记"记载了民国十七年二月新置《翁文恭日记》和《湘绮楼日记》、民国十七年三月新置《先秦政治思想史》等90种120部(集、卷)图书计四页(三至六页),民国十七年四月新置《西夏官印集存》等195种212部(集、卷)图书计七页(六至一二页),民国十七年五月新置《日本全史》等18种18部(集、卷)图书,民国十七年六月新置《书目长编》图书,民国十六年七月至十二月间新置《八千卷楼书目》等4种4部(集、卷)图书计二页(一三、一四页)。

(2)"保管部收到赠送图书登记"(民国十六年七月至民国十七年六月)记载了民国十六年七月至十二月收到由丹阳县署等16家单位(个人)赠送的《丹阳县续志二十四卷补遗二十卷附城乡图一幅》等125册(卷)图书计三页(一五至一七页),民国十七年一月收到由上海图书馆协会等9家单位(个人)赠送的《图书馆创刊号》等70册(卷)图书,民国十七年二月收到由上海医学书局等6家单位(个人)赠送的《说文解字诂林提要》等27册(卷)图书,民国十七年三月收到由北京四存学会赠送的《颜李丛书一百四十七卷》等69册(张)图书,民国十七年四月收到由海门周雁石先生等6位个人赠送的《海门厅图志二十卷》等28册图书,民国十七年五月收到由秦平甫先生等8位个人(单位)赠送的40册(卷、幅、页)图书,民国十七年六月收到由江苏建设厅等6家单位（个人）赠送的《苏省二十万分之一地图全份》等56册（张）图书。

（3）"阅览部收到赠送书报登记"（民国十六年十二月至十七年六月）计九页（二二至三〇页），共收到江苏省政府秘书处公报股等114家单位（个人）赠送的《江苏省政府公报》等127种486册（份、折）书报。

4. "大事记"记载本馆从民国十六年六月二十四日江苏教育厅函聘柳诒徵为馆长始，到民国十七年六月二十八日检查档案二十箱毕记检查表一册止，共八页（三一至三八页）计九十三件大事。

5. "本年度案牍辑录"以时间先后为序，记载了本馆对外发文和收文。其中对外发文43件、收文25件，具体内容如下：

发文部分

（1）民国十六年七月二日，江苏省立第一图书馆主任赵鸿谦呈教育厅关于接收江苏省立第一图书馆情形的报告，报告中详细列出所清点钤记、存款、阅览券、书箱种类，对外往来账目等数目。

（2）民国十六年七月三日，江苏省立第一图书馆馆长柳诒徵函致教育厅文，主要内容：一是关于阅览善本事项，凡大学校长院长、研究员生、大学教授皆得持常期无价券阅书，大学学生购有价券阅书亦须视其他学者减价优待。二是关于支领经费事项。

（3）民国十六年七月十一日，江苏省立第一图书馆馆长柳诒徵函致教育厅大学筹备委员会关于改良省立第一图书馆计划书，主要内容：

一是现状。如藏书种类及数量、支付各职员俸给等经费共计四百二十三元。

二是馆址问题。如馆舍简陋、卫生环境差等等全部皆须改造。

三是书籍问题。列举四类书籍所缺，即一类为国内各图书馆及私家所藏孤本抄本，如永乐大典、宋会要等以及四库之书皆所未有。二类为近新出新印之书，如武进董氏、上虞罗氏、南浔刘氏等刊印各书以及近人著作、各省丛刊、各学校团体所辑文艺科学、各种杂志、官私印辑统计、规章、报告、图表之类皆所未备。三类为东西各国学者研究吾国历史、地理、文艺、美术以及调查吾国状况，叙述东方情势之书概未购置。四类为各国旧书名著、新刊要籍尤为绝无而仅有。

四是编目问题。馆中现有编目之法必不适用增益新书，必须改进编目方法。

五是阅览问题。旧章阅览善本必须省署许可或馆中认为学术专家来馆校勘、考订者方能取阅,后又赠予东南大学特许券四张,东南大学师生持此券者准其阅览,限制太严。自从柳馆长任事以来多有好学之士请求住馆阅书,此事可与学校相辅而行等,兹拟定购券赠券阅书章程及住馆读书章程。

六是经济问题。文中列举了暂定预算表:

① 经常费。一是职员俸给,从馆长到传达计28人需月支九百元。二是茶水、电灯、邮电、笔、墨、纸张各费,约计百元。两项共月支一千元。

② 临时费。一是增购书籍费,月约六百元;二是抄书费,月约三百元;三是印刷费,月约五百元;四是修理房屋、增添器具费,月约百元。以上月计一千五百元。

(4) 民国十六年七月十一日,江苏省立第一图书馆馆长柳诒徵函致大学文,其内容为:敬启者,本馆藏书卷册浩繁向由保管员负责保管,诒徵到馆以来尚未正式点收。兹拟自本月十九日起,将善本及普通善本阅览书逐部清查。此项书籍关系重要,应请尊处选派行政人员随时莅馆监视检查以昭慎重,相应备函奉达,即希查照施行。此致,大学校校长张。

(5) 民国十六年七月十一日,江苏省立第一图书馆馆长柳诒徵函致大学文,主要内容是关于声明支前主任所发补助印书费五百元,江前馆长挪用本馆款八百元及号称因乱损失之四百五十元,应如何清理追究之处,敬祈分别示知,以重公款而明权限。

(6) 民国十六年七月十三日,江苏省立第一图书馆馆长柳诒徵函致财政厅文,其内容为:敬启者,敝馆向有积存之款,江前教育厅长兼任馆长时,挪借本馆存款八百元为教育厅三月份经费,未审贵厅是否未发教育厅三月份经费及现在有无补发是项经费办法,敬祈代为调查以便与教厅清理。

(7) 民国十六年九月十四日,江苏省立第一图书馆馆长柳诒徵函致公安局文,其主要内容是特函请贵局即日饬知西区警署拨派警士一名,前来敝馆门首防护等。

(8) 民国十六年九月十八日,江苏省立第一图书馆馆长柳诒徵函致大学校长暨各院长文,其内容为:敬启者,敝馆定于本月二十日开馆,特送上甲种优待券一纸,欢迎台端莅馆阅览,摘录阅览部规程二则附请参考并希督存为荷。此致,第四中山大学校长院长张。附呈阅览券及优待章程一纸。

(9) 民国十六年九月十八日,江苏省立第一图书馆馆长柳诒徵函致大学文,其内容为:敬启者,敝馆定于本月二十日开馆,为优待大学师生起见,备有善本乙种优待券,凡来馆阅览持有各院院长介绍书者,得购此项阅览券。摘录敝馆阅览部规程二则,函达贵校请于布告栏内揭示为荷。此致,第四中山大学校校长张。附呈阅览券、优待章程一纸。

(10) 民国十六年九月十八日,江苏省立第一图书馆馆长柳诒徵函致大学文,其主要内容为,一是核书情况;二是经费情况,以后馆中经费必须按新预算支领。

(11) 民国十六年九月二十七日,江苏省立第一图书馆馆长柳诒徵函致商务印书馆文,其内容为:敬启者,前次贵馆印行四部丛刊,曾在敝馆借印多种,除已承惠赠者外,尚有多数未蒙寄赠。兹特开单送上,务请逐一补寄,以慰敝馆之大观是所企盼。嗣后贵馆新印之书告成,并请仿照送浙江图书馆成例寄赠一份。况敝馆藏书最富经贵馆影印准诸事理似应在拜嘉之列也,再敝馆现需中国人名大辞典一书,可否寄赠一部?如以成本关系,其价若干请照半价计算,以后优待之处统祈惠允,赐复为荷。专此顺颂日绥。附清单一纸。

(12) 民国十六年十月二日,江苏省立第一图书馆馆长柳诒徵函复上海市党部文,其内容为:敬复者,全国各图书馆目录,敝馆未知其详,查中国图书馆协会会报中有之贵部可觅,此本参考以南京首都而论,敝馆之外有通俗教育图书馆一所。兹贵部为扩大宣传起见,分寄所印行之各种书籍甚盛,如承寄赠当陈列敝馆中山图书部,以资浏览也。复颂党祈。

(13) 民国十六年十月二日,江苏省立第一图书馆馆长柳诒徵函致朝鲜总督所文,其内容为:敬启者,承赠乐浪郡时代之遗迹本文,梁山夫妇冢与其遗物本文图版各一册,皆属精美绝伦,洵可宝贵,自当广为传播以表贵政府探求古迹之精神。但此项遗迹尚有一二三期未承赐寄,拟请补赠以成完璧,俾得合并陈列亦足为敝馆生色也。专此布谢并望惠复,敬颂勋祺中华民国。

(14) 民国十六年十月二日,江苏省立第一图书馆馆长柳诒徵函致北京图书馆文,其内容为:敬启者,敝馆曾函托梁任公、徐森玉两先生转致贵馆执事,代抄明代实录自太祖朝至熹宗朝止,及贵馆所存永乐大典之一部,所需抄费若干并录竣时请为示知。迄今未接复示,不知梁徐两君是否仍在京师?兹特函请贵馆诸执事先生,将代抄前书费用共需若干以及抄毕日期,均希迅速见复为荷。顺颂公绥。

(15) 民国十六年十月二十七日,柳诒徵函致谭主席文,其内容为:组安先生伟鉴顷承驾临,纵观古籍饫聆教益为快。敝馆风景清幽为天然读书处而环境亦无尘嚣,不虑意外之事,于藏书最为适当。数月以来,敝馆左侧之马公祠右侧之曾公祠,皆为第三十七军分设迫击炮修械所。两边机器发动炉烟散入馆内已不相宜,且终日炮声杂作,有时达数十响。馆中窗槁为之震撼,不仅有扰阅书之人诚恐发生不测,亟应思患预防以慎典守之职。现值各军渡江北伐之时,计必有相当屯军修械之地,拟恳勋座饬知该军相地迁驻,事关公益业荷面允用。特具函陈述,便乞台复为幸,敬颂勋祺。柳诒徵启。

(16)民国十六年十一月二十五日,江苏省立第一图书馆馆长柳诒徵函复北京图书馆文,其内容为:敬复者,承函示景德传灯录一书,为八千卷楼所藏,有人在贵馆求售,多荷盛意以其赵氏之璧可谋合浦之还,保障斯文至堪纫佩。惟查敝馆所藏丁氏善本书籍,初无此书,不知当年收买之时系如何经过?敝馆墨守陈编本求秘籍,但非原有之物且绌于财力亦未能继续收买。仍希贵馆有以处之。此致,北京图书馆。

(17)民国十六年十二月十三日,柳诒徵函复苏州图书馆文,其内容为:敬复者,展诵惠书多荷盛意,彼此职司同道,亦望有以扩充承嘱出席于教费委员会。但该项条文所谓其他学校等语系指暨南同济学校而言,现已推定代表图书馆似无出席之必要?辱荷公推,曷胜心谢!此复顺颂箸祺。

(18)民国十七年一月七日,江苏省立第一图书馆馆长柳诒徵函复张君文,其内容为:寿龄先生大鉴,承函示贵署将立图书馆嘱,将敝馆编书目录印刷品寄上,参考具见规画精祥,有此旁征博采之举。查敝馆自上年七月改组所有拟编书目尚未竣事,兹送上编书目录卡片底稿一纸,并送上新订章程一本。因敝馆现在进行皆本此章程办理,也请督人赐教为荷。顺颂寿安!

(19)民国十七年一月十二日,第四中山大学行政院图书馆馆长柳诒徵函复大学行政院文,其内容为:敬复者,本年一月六日接准贵院函开,以敝馆名称前经中华民国大学院令,由贵校重加审核经提出,会议议决决定名称为国立第四中山大学国学图书馆,暂归高等教育部管理,并经呈奉中华民国大学院令准备案,业在预算书内照改并嘱俟将钤记刊就另送外,嘱即查照等因准此遵于即日改用新定名称。除分函各机关外,准函前因相应函复再新刊钤记未奉到以前,仍暂用旧有钤记。合并声明此复。

(20)民国十七年一月十二日,第四中山大学国学图书馆馆长柳诒徵函致各机关文,其内容为:敬启者,本年一月六日案,奉第四中山大学教育行政院函开,省立第一图书馆已由大学筹备委员会会议议决改定名称为国立第四中山大学国学图书馆,归高等教育部管理并经呈奉中华民国大学院令准在案等,因奉此遵即于奉文之日起照改名称,除俟奉到新颁钤记再行启用外,相应函达请烦查照。此致,各机关。

（21）民国十七年一月十七日,国立第四中山大学国学图书馆馆长柳诒徵函致清史馆文,其主要内容是恭贺清史稿已印行杀青。

（22）民国十七年一月十八日,第四中山大学国学图书馆馆长柳诒徵函致大学文,其主要内容是自民国十六年七月一日至民国十六年十二月间所需经费以及开支决算书等方面情况。

（23）民国十七年二月三日,柳诒徵函致谭主席文,其主要内容是有一张姓军官带一帮军人来到图书馆,要征用图书馆的阅览室和招待室为其驻军地点并在门首标明第九军二十一师六十一团本部字样,本馆员工与其交涉无用,请谭主席转至军事委员会另觅地点事。

（24）民国十七年二月三日,柳诒徵函致李主席文,其主要内容是有一张姓军官带一帮军人来到图书馆,要征用图书馆的阅览室和招待室为其驻军地点并在门首标明第九军二十一师六十一团本部字样,请李主席饬令该团另觅地点事。

（25）民国十七年二月三日,第四中山大学国学图书馆馆长柳诒徵函复河南通志处文,其内容为:敬复者,接诵大函藉悉,贵局重修志承以敝馆目录中有关于豫省掌故,嘱检寄一份自当照办,惟敝馆图书重在采集,夙闻河南有新出土之石经印本及新郑古物拓本,至希检寄一份为文化上之流传,资考古者之赏鉴。谅荷同情并希见复为荷。此致,重修河南通志处处长江。

（26）民国十七年十月十一日,第四中山大学国学图书馆馆长柳诒徵函致京师图书馆文,其主要内容是请京师图书馆代抄永乐大典及明代实录其费用事。

（27）民国十七年二月二十六日,第四中山大学国学图书馆馆长柳诒徵函复教育经费管理处文,其内容为:敬复者顷准大函,嘱将所领经费按月开列清单送交贵处核对。兹将敝馆十六年度七月起至本月止按照所领经费开单送上,即请詧入。再敝馆自上年七月至十二月所有收支计算书据,早经分别造册逐一送交大学行政院审核在案合并奉闻。此致,江苏教育经费管理处。

（28）民国十七年三月七日,江苏大学国学图书馆馆长柳诒徵函致大学行政院文,其内容为:敬启者案奉国立第四中山大学函开,奉中华民国大学院训令:现大学委员会议决第四中山大学改称江苏大学等,因查敝馆于去岁奉文归现高等教育部管理,今大学既改名称敝馆自应随同更改,已改称江苏大学国学图书馆,暂时沿用旧日钤记并祈早日颁发新钤记以符名实相应,函请贵院查照。此致,江苏大学行政院。

（29）民国十七年三月十七日，江苏大学国学图书馆馆长柳诒徵函致河南通志处文，其内容为：敬复者两奉大函并承惠石经拓片六种、新郑古物照片5种又拓片一纸均已拜到，古色古香足资宝贵，缅怀雅意纫谢良殷，承示修志完竣全书告成准检多份寄赠，以广流传此则尤为感盼。兹将敝馆书目寄上，请检查其中有须抄录者，望即函示敝馆当为录奉，其在目外之书亦当随时访告也，专此布复并鸣谢忱。此致，重修河南通志处处长江。

（30）民国十七年四月十一日，江苏大学国学图书馆馆长柳诒徵函复京师图书馆文，其内容为：敬启者接准复函，以敝馆托抄永乐大典按月寄抄费百元，贵馆拟改为按月结算一次抄费，有余则移作下月之用，不足则由敝馆补寄，准即如此办理。兹寄上第一次抄费百元即请查收，见复嗣后即希贵馆陆续清算源源，赐示其书抄成一册仍希寄递一册为荷。此致，国立京师图书馆。附准单一纸，计洋百元。

（31）民国十七年四月十五日，江苏大学国学图书馆馆长柳诒徵函致大学文，其主要内容是关于十七年度经费事并附十七年度预算书一份。

（32）民国十七年四月十九日，柳诒徵函汤、王、陈、李诸先生文，其内容为：伯弢、伯沆、锡予、小缘四位先生大鉴敬启者，诒徵学殖俭劣，承乏盋山仰维前哲日接来彦，绠短汲深，时虞陨越，凤仰先生罩挈流略淹贯中外，述作之盛，万流仰景，谨依馆章敦请执事为江苏大学国学图书馆参议，依德辉于北斗惠下学以南针专扛芜函伫闻明教肃颂道绥外章程四份。

（33）民国十七年四月二十四日，柳诒徵函大学院长蔡、杨文，其主要内容是听说市政府查封江南官书局业由江苏大学呈报大学院，因江南官书局与敝馆有连带关系，故陈述历史缘由，声明权限，要求赔偿事。

（34）民国十七年四月二十四日，江苏大学国学图书馆馆长柳诒徵函致大学行政院文，其主要内容是听说市政府查封江南官书局业由江苏大学呈报大学院，因江南官书局与敝馆有连带关系，故陈述历史缘由，声明权限，要求赔偿事。

再本馆章程曾于上年十二月十六日呈送在案，兹再附呈印本一份。

（35）民国十七年五月二日，江苏大学国学图书馆函致大学行政院文，其内容为：敬启者，昨奉台函并图书馆调查表格式二纸，只悉壹是兹按照原表所列分别填就，并本年度预算册、本馆章程各一份送请钧院汇案转送，即希查核。此致，张校长大鉴。

附：表格式二张；十六年度预算册一分；章程一分。

（36）民国十七年五月十五日，江苏大学国学图书馆馆长柳诒徵函致军事委员会文，其主要内容是敝馆右侧曾文正祠左侧马端敏祠均为三十七军分设迫击炮修械所，诚恐发生不测危及敝馆书楼以及难闻的暴烈弹药气味，恳请迁走并在本馆张贴布告，可免日后纠纷事。

（37）民国十七年五月二十一日，国立中央大学国学图书馆馆长柳诒徵函致总参谋长何文，其主要内容是敝馆右侧曾文正祠左侧马端敏祠均为三十七军分设迫击炮修械所，诚恐发生不测危及敝馆书楼以及难闻的暴烈弹药气味，恳请迁走并在本馆张贴布告，可免日后纠纷事。

（38）民国十七年五月二十二日，国立中央大学国学图书馆函复大学文，其内容为：敬复者，承函示大学名称奉文改为国立中央大学，前发本馆钤记已不适用，特另刊一方文曰国立中央大学国学图书馆之钤记，嘱即查收启用并将旧钤记截角取销，自应遵照办理。除将新颁钤记即日启用外，所有旧钤记一方已予截角，特备函呈缴即希查核。此致，张校长大鉴。

附：缴旧钤记一方。

（39）民国十七年五月三十日，中央大学国学图书馆馆长柳诒徵函致大学文，其内容为：敬启者，敝馆逐月用途向求核实上年七月至十二月报册久经具报在案，本年一月至四月册据亦经馆中组织之经济委员会审查完竣，兹特备文函送钧院请予核销。此致，张校长大鉴。

附：呈十七年一月至四月决算册四本；粘存簿四本。

（40）民国十七年六月一日，中央大学国学图书馆馆长柳诒徵函致建设厅文，其内容为：敬启者，敝馆典藏图书兼收并蓄，凡他省志乘亦与搜罗，其属本省舆图更应征集，凤稔贵厅储有五万分一江苏分幅地图多份，曾经分发各县，拟请就贵厅现存之图惠一全份以便学者研究。至希见赐为荷。此致，江苏建设厅厅长陈。

（41）民国十七年六月一日，中央大学国学图书馆函复京师图书馆文，其内容为：敬启者，前接复示并百元收据藉悉，贵馆已为代印板格从事抄录，未识永乐大典一书已否抄就若干？本尚乞惠复书抄成册请即陆续见寄，以便按照前约陆续奉款也。此致，京师图书馆。

（42）民国十七年六月二十二日，中央大学国学图书馆馆长柳诒徵函致张校长文，其内容为：敬启者，敝馆逐月报册已造送至本年四月份止，所有收据粘存簿亦经同时送陈在案。现在五月份报册已缮具齐全，经敝馆经济委员会审查竣事自应赓

第二章　江苏省立国学图书馆时期馆刊

续具报,用特函送钧校请予核销。此致,张校长大鉴。

附:呈十七年五月份计算书一本;粘存簿一本。

(43)民国十七年六月二十六日,国学图书馆馆长柳诒徵函复教育经费管理处文,其主要内容是关于经费事。

收文部分：

(1)教育厅来文3件:民国十六年六月二十七日,其内容为:令省立第一图书馆主任赵鸿谦,查省立第一图书馆军兴以来负责无人,暂由前主任支伟成设法维持,迭据该前主任呈请派员接收。除函聘柳君诒徵为馆长并派该员为主任,暨令该前主任交代外,仰即前往该馆先将文卷、账目、簿籍、器具及庋藏书籍逐一接收清楚后秉承馆长,切实办理所有接收情形并报候备核。此令,厅长张乃燕。

民国十六年七月三日,其主要内容是省立第一图书馆归教育厅管理事。此令,厅长张乃燕。

民国十六年七月七日,其主要内容是令仰该馆长遵照办理,此令计发原建议案一纸事。此令,厅长张乃燕。

(2)大学来函14件:民国十六年七月十八日,张乃燕来函,其内容为:敬复者接悉大函,兹派课员甘豫员赴馆监视点收相应奉达,即希查照为荷?此致,省立第一图书馆。

民国十六年八月二日,张乃燕来函,其主要内容是因乱损失银肆佰伍拾元,是项损失查究很难事。

民国十六年十月十三日,张乃燕来函,其内容为:敬启者,前准大函内开,凡属于清季及民国十数年间各地方纂集印行之地图代为征集一份颁发,存储以补志书之不足等,由当即令行各县饬将地志地图等件广为搜集呈校转发。兹据南通、太仓两县将各该县地图呈送前来,用特先行函送即希查收,见复为荷。此致,江苏省立第一图书馆馆长柳。

计附图两纸。

民国十六年十月十四日,张乃燕来函,其主要内容是关于江宁地志地图可到城内秦状元巷李光明书铺和江苏测量局索取事。

民国十六年十月十四日,张乃燕来函,其内容为:敬复者,前准大函,代为征集各地方纂集印行之地志地图颁发存储等由当即通令各县广为收集呈校转发在案。兹据崇明、阜宁县将地图、县志呈送前来,用特函送即希查收为荷。此致,江苏第一图书馆馆长柳诒徵。

附地图、县志各一件。

民国十七年一月五日,张乃燕来函,其主要内容是第四中山大学国学图书馆暂归高等教育部管理。

民国十七年二月七日,张乃燕来函,其主要内容是造送十六年度七月至十二月止决算册六本、粘簿册六本、专款清册一本、收支四柱清册一本以及半年来开支余款留备添置图书等用。

民国十七年二月二十三日,张乃燕来函,其主要内容是第四中山大学改称江苏大学,各大学区大学不必加国立二字,在未奉颁发新印以前暂仍沿用旧印。

民国十七年二月二十三日,张乃燕来函,其内容为:敬启者案查贵馆十六年七月至十二月收支表册内收付小角铜元未照市价折合大洋,殊不便计算。以后凡关于收支报销请折合大洋登记至收付原币数目以及折价等项可附注于备考栏内。即希查照办理为荷。此致,国立第四中山大学国学图书馆馆长柳。

民国十七年三月二十三日,江苏大学秘书处来函,其主要内容是拟定文书格式查照实行。

民国十七年四月十七日,其主要内容是启用新钤记"江苏大学国学图书馆",旧钤记截角缴销事。

民国十七年五月十二日,其主要内容是启用新钤记"国立中央大学图书馆",旧钤记截角缴销事。

民国十七年五月十二日,其主要内容是新钤记还没启用前仍沿用旧钤记事。

民国十七年五月二十一日,江苏大学区教育行政院来函,其主要内容是关于图书馆调查表式事。

(3)公安局来函:民国十六年九月十六日,局长陈光组来函,其内容为:敬复者顷准大函,请派警士一名前往贵馆防护等。因自应遵办除饬西区拨派外,相应函复即希查照是荷。此致,江苏省立第一图书馆馆长柳。

(4)丹阳县政府来函:民国十六年十一月二十四日,何海樵来函,其主要内容是检送新旧县志各一部城乡地图一张,函请贵馆查收。

(5)河南通志处来函2件:民国十七年三月十一日,河南省政府教育厅厅长兼重修河南通志处处长江恒源来函,其主要内容是石经拓片六种及新郑古物照片五种拓片一纸函寄贵馆,希查照验收。

民国十七年三月三十一日,河南省政府教育厅厅长兼重修河南通志处处长江恒源来函,其主要内容是收到贵馆书目一部和代抄书籍事。

(6) 清史馆来函:民国十七年三月二十四日,清史馆史稿发刊处来函,其内容为:敬复者捧送台函敬悉,一是史馆经费穷窘万分,惟恃旧书以资接济,除从前助款督办省长外实难赠送亦不敢开此先例,致启责言方命之处尚乞鉴谅。此复江苏省立第一图书馆馆长柳。

(7) 京师图书馆来函:民国十七年三月二十七日,国立京师图书馆来函,其主要内容是关于抄《永乐大典》抄费事。

(8) 军事委员会总务厅来函2件:民国十七年五月十八日,其主要内容是关于禁驻第三十七军分设迫击炮修械所事。

附原函。

民国十七年五月十八日,其主要内容是关于禁驻第三十七军分设迫击炮修械所事。

6. 年刊最后是刊登本年刊定价每册大洋五角邮费五分,版权所有不准翻印。编辑者:中央大学国学图书馆,印刷者:南京公孚印刷所,发行者:南京龙蟠里本馆,代售处:南京及上海商务中华书局上海蟫隐庐及中国书店,中华民国十七年七月付印,中华民国十七年十一月初版。

二、《国学图书馆第二年刊》

(一)《国学图书馆第二年刊》书影

1.《国学图书馆第二年刊》封面(图一)

2.《国学图书馆第二年刊》目录(图二、图三、图四)

3. 馆藏稿本说文句读(图五)

4. 馆藏刻本观象玩占(图六)

5. 馆藏张船山手写秋斋遗兴诗(图七)

6. 馆藏曾涤笙手札和馆藏杨惺吾手札(图八)

7. 馆藏蔡松原骑牛图(图九)

8. 馆藏翟琴峰桐月图(图十)

图一

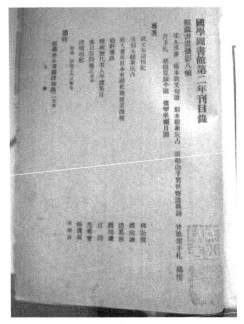

图二

图三

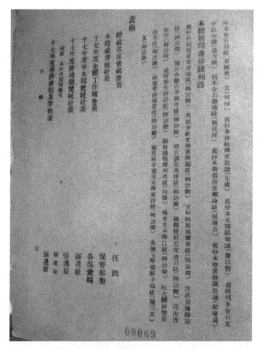

图四

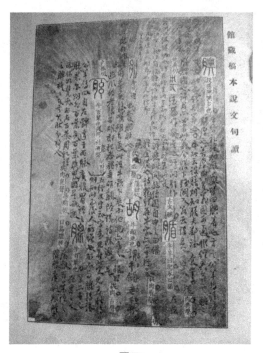

图五

图六

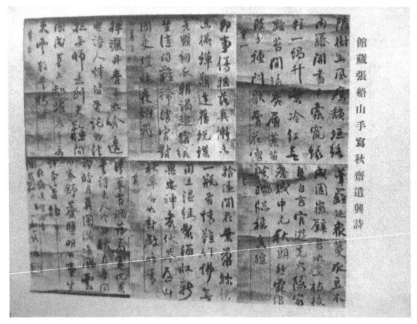

图七

第二章　江苏省立国学图书馆时期馆刊

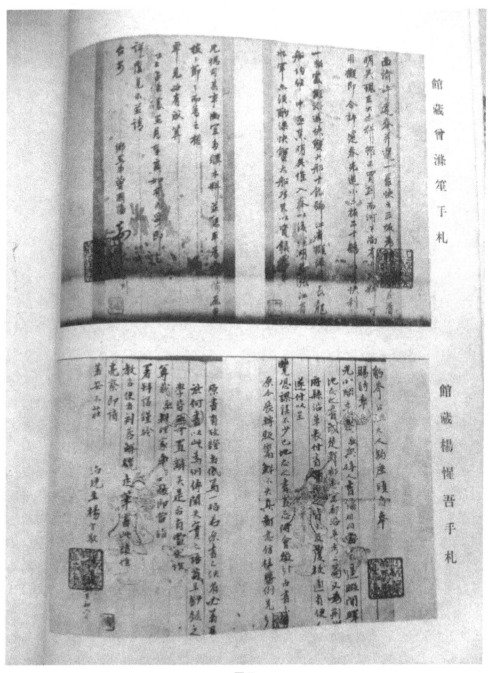

图八

图九　　　　　　　　　　　　图十

(二)《国学图书馆第二年刊》主要内容及解读

该年刊开本 16 开,共 370 页。封面题有《国学图书馆第二年刊》,封面反面刊登中央大学国学图书馆征求海内世族谱牒启事。第一页为中央大学《国学图书馆第二年刊》目录,目录共 3 页,详见书影图二、图三、图四。

从目录上看,该年刊与第一年刊类似。既有馆内同人撰写的学术专著、题跋、表格等,如"说文句读校记""述刻本观象玩占""松轩书录""馆藏历代名人年谱集目""清档琐记""本馆善本书题跋辑录""本馆新印书序跋辑录""馆藏名家旧藏书表"等等,又有馆内一年中业务、交往等方面的实录,如"本馆藏书统计表""全馆工作报告表""善本阅览统计表""普通阅览统计表""保管部修补书籍一览表""访购部买置图书登记""保管部收到赠送图书登记""阅览部收到赠送书报登记""大事记""本年度案牍辑录"等等。

1. 该年刊除了文字外,还有大量的图片和表格,其中图片有馆藏稿本说文句读(图五)、馆藏刻本观象玩占(图六)、馆藏张船山手写秋斋遗兴诗(图七)、馆藏曾涤笙手札和馆藏杨惺吾手札(图八)、馆藏蔡松原骑牛图(图九)、馆藏翟琴峰桐月图

(图十)等;表格有《馆藏名家旧藏书表》(续第一年刊)、《十七年度全馆工作报告表》(图十一)、《本馆藏书统计表》(图十二)、《十七年度善本阅览统计表》(图十三)、《十七年度普通阅览统计表》(图十四)、《十七年度传抄书类及字数表》(图十五)、《保管部修补书籍一览表》(图十六)等。

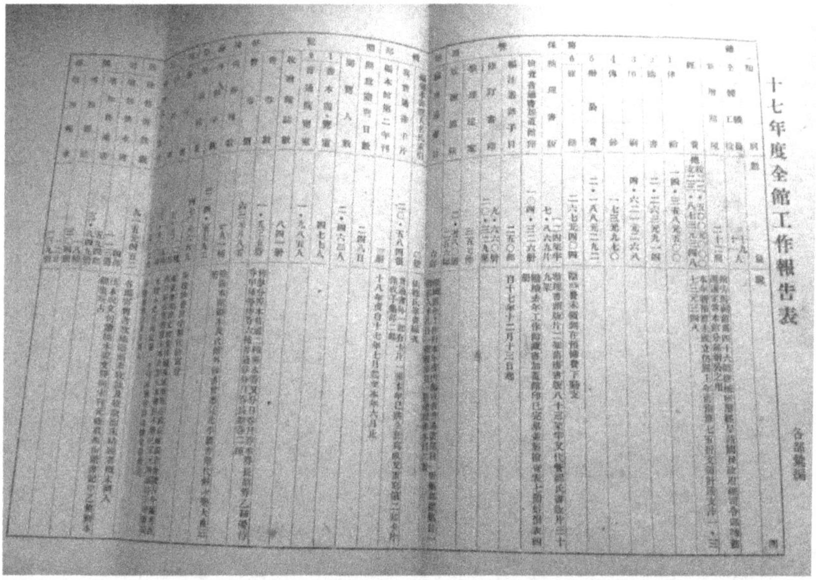

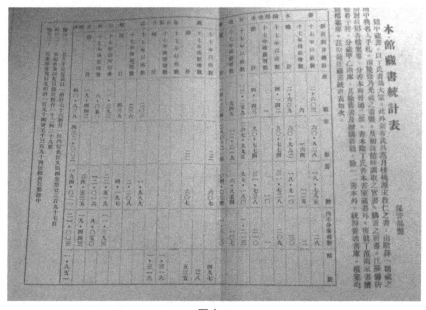

图十一

图十二

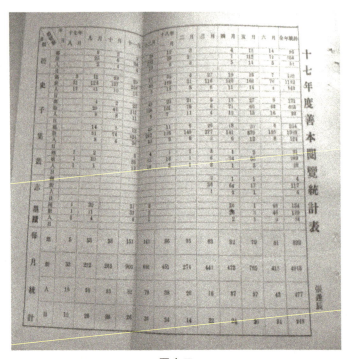

图十三

图十四

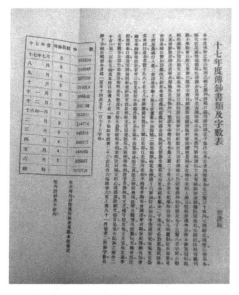

图十五　　　　　　　　　　　图十六

2. 该年刊"专著"栏目中刊登了本馆柳诒徵的《说文句读稿本校记》（一至一六页）、缪凤林的《明人著与日本有关史籍提要四种》（一至一八页）、赵鸿谦的《松轩书录》（一至七二页）、汪阆的《馆藏历代名人年谱集目》（一至三〇页）、淮阴范希曾的《书目答问补正史部》（一至五六页）、本馆张逢辰的《清档琐记》（一至八页）以及胡树屏的《清档工作之报告》（民国十八年一月至六月）。

3. 该年刊"题跋"栏目中刊登了《馆藏善本书题跋辑录二》（史部），其中有明嘉靖震泽王氏刊本史记题识、宋嘉定建安蔡琪刊汉书残本跋、明翻元本汉书题识、校南监本三国志题识、校东潜赵氏定本三国志注补题识、宋刊小字本晋书跋、抄配明成化刊本宋史跋、原稿本辽史拾遗续题识、顾校影写宋本资治通鉴释文跋、叶石君手抄本五代春秋跋等等（一至二四页），包括丁丙、朱文藻、周广业、陈焯、黄丕烈、毛晋、钱大昕等等名人；《本馆新印书序辑跋录》，其中有《严修能精写东莱书说跋》《吴颖芳说文理董后编跋》《洪武京城图志跋》《陈沂金陵古今图考跋》《盦山书影序》等等（二四至三四页）。

4. 该年刊"簿录及记事"栏目中刊登了以下内容：

（1）访购部买置图书登记（十七年七月至十八年六月），如在十七年七月新置《郋园读书志》十六册、《书林余话》二册；十七年九月新置《杭州府志》等 11 种 179 册；十七年十月新置《帝国主义压迫中国史》等 55 种 476 册；十七年十一月新置《南洋见闻录》等13种152册;十七年十二月新置《左传文法读本》等46种297册;十八年一月新置《左文襄公全集》等21种492册;十八年二月新置《东洋风土竹枝词》等7种103册;十八年三月新置《日本国民思想史》等6种74册;十八年四月新置《史记订补》等15种82册;十八年五月新置《中西记事》等13种593册;十八年六月新置《诗经通论》等8种57册;另附《东方杂志》等18种174册。

(2)保管部收到赠送图书登记(十七年七月至十八年六月),如在十七年七月收到山西公立图书馆等5家单位(个人)赠送的《最新算术之最旧观》等18种45册(卷);十七年八月收到中央大学教育行政院等2家单位(个人)赠送的《六合县志》等2种12册(卷);十七年九月收到于小川先生等4人(单位)赠送的《瓜洲续志》等4种30册;十七年十月收到无锡国学专修馆等16家单位(个人)赠送的《无锡国学专修馆文集》等32种347册(张、片);十七年十一月收到胡敦复先生等12人(单位)赠送的《晚香集》等38种78册(张、幅);十七年十二月收到云南图书馆等9家单位(个人)赠送的《云南丛书》等27种128册;十八年一月收到福建教育厅等13家单位(个人)赠送的《福建通志》等26种101册;十八年二月收到马叙伦先生等15人(单位)赠送的《天马山房丛着》等34种44册(拓片页);十八年三月收到姚光先生等11人(单位)赠送的《说文假借义证》等13种177册;十八年四月收到姚石子先生等16人(单位)赠送的《黄帝素问》二十四卷、《灵枢经》二十四卷(附校记二卷)等63种68册;十八年五月收到宋希尚先生等12人(单位)赠送的《说淮》等281种1740册(页);十八年六月收到贾果伯先生等17人(单位)赠送的《民国财政史》等33种82册(页)。另附记本馆影印排印本入库诸书,如《严修能手写宋本东莱书说》九卷二册又四部三十六卷八册、《国学图书馆小史》不分卷一册又三部不分卷三册、《咏怀堂诗》十卷四册、《戴鹿床手写宋元四家诗》四卷二册又四部十六卷八册、《玉琴斋词》不分卷四册、《剿奴议撮》一卷附《陈眉公建州考》一卷一册、《盋山书影》不分卷一册又一部不分卷一册、《洪武京城图志》一卷一册又五部五卷五册、《金陵古今图考》一卷一册又五部五卷五册、《好古堂书目》四卷附总集及宋元版书目一卷一册又五部二十五卷五册、《元牍记》二卷一册又一部二卷一册等等共一百二十三卷又不分卷七部五十五册;又另附记本馆传抄本入库诸书,如《永乐大典》卷二八〇八至二八〇九卷及二八一二至二八一三共二册、《直隶松潘厅志》四卷一册、《楚边图说》不分卷一册、《静思轩藏书记》甲篇一卷一册、《朱文公文集校释》七卷续一卷四册、《衍波词》二卷一册、谢皋羽所著书六卷二册、《玩鹿亭》诗稿二卷一册、《范月槎诗文集》不分卷一册、《经世急切时务》九十九筹十卷三册、《庄定山集》一卷一册、《日本考略》一卷一册、《肇域志》不分卷十册、《国榷》十卷十册等。

（3）阅览部收到赠送书报登记（十七年七月至十八年六月），共收到由江苏省政府秘书处公报股等 265 家单位（个人）赠送的《江苏省政府公报》等 268 种 1176 册（份）。

5. "大事记"栏目记载了本馆自十七年七月至十八年六月共 84 件大事记，其中十七年七月七件大事记、十七年八月八件大事记、十七年九月六件大事记、十七年十月四件大事记、十七年十一月八件大事记、十七年十二月七件大事记、十八年一月六件大事记、十八年二月七件大事记、十八年三月九件大事记、十八年四月九件大事记、十八年五月五件大事记、十八年六月八件大事记。

6. "本年度案牍辑录"按十七年度案牍除普通函件外最要者三事：一是请迁修械所案；二是请补发经费案；三是与商务书馆重订借印馆书契约案。将这三项案汇录在前、普通函件于后，具体内容如下：

（1）请迁修械所案

发文 14 件：

民国十七年十二月十八日，国立中央大学国学图书馆柳诒徵馆长函致行政院谭延闿院长、国民政府军事委员会何应钦参谋长文，其主要内容是请迁三十七军迫击炮修械所事。

民国十七年十二月十八日，柳诒徵函呈蒋主席文，其主要内容是请迁三十七军迫击炮修械所事。

民国十七年十二月十八日，柳诒徵函致军政部冯部长文，其主要内容是请迁三十七军迫击炮修械所事。

民国十七年十二月十八日，柳诒徵函致公安局文，其主要内容是请迁三十七军迫击炮修械所事。

民国十八年一月九日，柳诒徵函致监察院蔡院长文，其主要内容是请迁三十七军迫击炮修械所事。

民国十八年六月七日，柳诒徵函致行政院谭延闿院长文，其主要内容是请迁三十七军迫击炮修械所事。

民国十八年六月八日，柳诒徵再函行政院谭延闿院长文，其主要内容是请迁三十七军迫击炮修械所事。

民国十八年六月八日，柳诒徵函致陆海空军总司令部经理处军械股文，其主要内容是请迁三十七军迫击炮修械所事。

民国十八年六月八日，柳诒徵函呈蒋总司令文，其主要内容是请迁三十七军迫击炮修械所事。

民国十八年六月八日，柳诒徵函致国民政府教育部部长文，其主要内容是请迁三十七军迫击炮修械所事。

民国十八年六月十二日，柳诒徵函致教育部蒋部长文，其主要内容是请迁三十七军迫击炮修械所事。

民国十八年六月十三日，柳诒徵呈国民政府文，其主要内容是请迁三十七军迫击炮修械所事。

民国十八年六月十八日，柳诒徵函致军政部文，其主要内容是请迁三十七军迫击炮修械所事。

民国十八年六月十九日，柳诒徵函致军政部文，其主要内容是请迁三十七军迫击炮修械所事。

来文11件：

民国十八年一月六日，行政院谭延闿院长来函，其主要内容是已函军政部督饬三十七军早日迁出迫击炮修械所事。

民国十八年一月二十一日，行政院秘书处来函，其主要内容是已函军政部核办三十七军迁出迫击炮修械所事。

民国十八年一月二十四日，军政部来函，其主要内容是已令三十七军速迁出迫击炮修械所事。

民国十八年一月二十五日，中央研究院来函，其主要内容是令三十七军军长速报迁出迫击炮修械所事。

民国十八年六月十五日，总司令部经理处军械股来函，其主要内容是迫击炮修械所一时难觅相当驻地，待觅得房屋即行迁让事。

民国十八年六月十五日，国民革命军总司令批文，其主要内容是令经理营房两处及军政部军械司查明转饬迁让迫击炮修械所事，并附国民革命军总司令部布告（第副三九五九号）。

民国十八年六月十八日，教育部来函，其主要内容是关于迁出迫击炮修械所函已转呈国民政府及陆海空军总司令部查明事。

第二章　江苏省立国学图书馆时期馆刊

民国十八年六月二十四日,军政部来函,其主要内容是另觅地点迁让迫击炮修械所事。

民国十八年六月二十九日,教育部训令,其主要内容是关于迁出迫击炮修械所函已转呈国民政府及陆海空军总司令部查明事。

民国十八年七月二日,教育部训令,其主要内容是关于迁出迫击炮修械所函已转呈国民政府及陆海空军总司令部查明事(按此令不属本年度范围,但属本案始末),另附布告二张:一是军政部布告(总字第　号),二是首都卫戍司令部布告。

民国十八年七月十二日,教育部训令,其主要内容是三十七军迫击炮修械所已于六月十七日迁移事。

(2) 请补发经费案

发文 13 件:

民国十七年九月二十三日,柳诒徵致教育经费管理处函,其主要内容是请贵处按本馆十六年度预算十足发放并补发八九两月份减成数目等经费事。

民国十七年十月十七日,柳诒徵致张乃燕校长函,其主要内容是请按本馆十六年度预算十足发放并补发八九两月份减成数目等经费事。

民国十七年十月十七日,柳诒徵致高等教育处长函,其主要内容是请贵处按本馆十六年度预算十足发放并补发八九两月份减成数目等经费事。

民国十七年十月十七日,柳诒徵致教育经费管理处杨科长函,其主要内容是请按照本馆旧预算核发经费事。

民国十七年十月三十一日,柳诒徵复张乃燕校长函,其主要内容是请按照本馆旧预算十足核发经费,不应按七成五支拨经费事。

民国十七年十二月二十日,柳诒徵致高等教育处长函,其主要内容是请贵处致函教费管理处将本馆十六年度全年经费除参照各校十足发放计洋一万一千八百三十四元七角以外,应另请发修缮费三千元以应急需事。

民国十八年五月十八日,柳诒徵致高等教育处长函,其主要内容是本馆欠领一万一千三百余元经费请补发事。附:十八年度预算说明书。

民国十八年五月二十三日,柳诒徵致中大戴超副校长函,其主要内容是关于补发经费和支拨修缮费事。

民国十八年五月二十五日,柳诒徵致戴超副校长函,其主要内容是催补经费和支拨修缮费事。

民国十八年六月五日,柳诒徵致戴超副校长函,其主要内容是请其查明教费管理处欠发本馆经费之数目并通告其拨付事。

民国十八年六月十二日,柳诒徵致戴超副校长函,其主要内容是申请修缮费事。

民国十八年六月二十六日,柳诒徵致张乃燕校长函,其主要内容是本馆前馆长江馆长在教育厅任内挪去本馆积余经费八百元,请予查究事。

民国十八年六月二十六日,柳诒徵致扩充教育处处长函,其主要内容是本馆前馆长江馆长在教育厅任内挪去本馆积余经费八百元,请予具领事。

来文3件:

民国十八年十二月五日,张乃燕校长来函,其主要内容是关于本馆十六年度预算三万元尚未领足并以馆屋失修请给修理费事,此项费用支配须归江苏教育经费委员会会议解决。

民国十八年六月二十日,戴超副校长来函,其主要内容是关于本馆来函已将大学本部十六年度预算经费按照七五成陆续支付未足之款事,经查确无此事。

民国十八年六月十四日,中央大学区教育行政院高等教育处来函,其主要内容是关于本馆来函请拨付修缮费事,目前本大学区各机关请求修建费者很多,因此尚不能解决。

(3) 与商务印书馆重订借印馆书契约案

发文6件:

民国十七年十二月八日,柳诒徵致商务印书馆张菊生、王岫庐函,其主要内容是关于本馆无论是丛刊还是单行本除协议外不得再版以及初版印行之书已售者应酌抽版税事。

民国十八年二月二十八日,柳诒徵复王岫庐函,其主要内容是关于本馆无论是丛刊还是单行本除协议外不得再版以及初版印行之书已售者应酌抽版税事。

民国十八年四月九日,柳诒徵复商务印书馆段抚群函,其主要内容是关于双方规约各存一份事。

民国十八年四月十四日,柳诒徵复段抚群函,其内容为:抚群仁兄大鉴,接手书及重印契约二分已照签字,除备案外以一分寄达尊处,前约已剪废一并寄还,请转交是荷。复颂时祉。

民国十八年四月二十三日,柳诒徵致段抚群函,其内容为:抚群先生大鉴,签寄契约想承转达。赠敝馆四部丛刊如未寄出,请以有书根者寄下并请连同原有木箱一并装寄,可以保护其书而便陈列。至木箱计价若干请示,当照奉也。此请春安。

民国十八年五月十六日,柳诒徵复段抚群函,其内容为:抚群先生道鉴,承惠复诵悉种切四部丛刊,前三期书及续古逸丛书均照收到,此固如约履行亦荷先生赞助之雅也。书根承转知照,添第四期书约印出后优先续寄,甚谢甚谢!至于书橱现经敝馆自制,因沪上寄来途中运输不免有损坏之处,在此做就可期简便也。复颂撰祺。

来文6件:

民国十八年二月十八日,王岫庐来函,其内容为:翼谋先生有道,前得贵馆函对于敝处借印旧书事有所商榷,经即奉复以,弟不日来京届时再面商及中华图书馆开会,弟适抱恙致未成行。兹值敝同事李伯嘉君来京之便,谨介绍趋谒祈赐接洽为幸。敬问起居。

民国十八年三月五日,王岫庐来函,其主要内容是同事李伯嘉君来京时柳诒徵馆长正好不在,特来函关于丛刊还是单行本除协议外不得再版以及初版印行之书已售者应酌抽版税事。

民国十八年四月六日,段抚群来函,其主要内容是关于所订规约完全承诺,只是把第三条经理二字改为所长二字。

民国十八年四月八日,王岫庐来函,其主要内容是正式契约二份,签印后发还一份。

民国十八年四月十二日,段抚群来函,其主要内容是由于上次契约有个别错误,因此更正重新缮写了契约二份,签字后仍返还一份。

民国十八年五月六日,段抚群来函,其主要内容是代办书橱事。

附:契约。国学图书馆与商务印书馆重订借印善本规约,共十条,立约人分别为国学图书馆馆长柳诒徵、商务印书馆编辑所所长王云五。

(4)普通函件选录

发文109件:

民国十七年七月七日,柳诒徵致张乃燕校长函,其主要内容是关于十七年度预算经费事。

民国十七年七月二十三日,柳诒徵致张乃燕校长函,其主要内容是关于十七年度经费预算事。附:十七年度预算书一份。

民国十七年七月二十三日，柳诒徵致张乃燕校长函，其主要内容是关于五六两月报册予以核销，并用本馆积余款购书籍、影印书籍和刊发本馆小史、年报刊刻等。附：十六年度六月份计算书一本、粘存簿一本又一月至六月专款册一本。

民国十七年七月二十三日，柳诒徵致教育经费管理处函，其主要内容是关于本馆经费预算书缮一份补送贵处事。

民国十八年七月二十五日，柳诒徵致市政府刘市长函，其主要内容是由于本馆地处偏僻且来馆阅读之人交通多有不便，为了让更多市民及外地人员到图书馆阅读，请市政府把本馆周围的城湾路改名为国学图书馆路、清凉古道改名为国学图书馆北路、息心亭以东迄随园故址改名为国学图书馆东路等，并在本馆周围路口标明到本馆指示方向牌，另请市政府饬知工务局转至公共汽车每日上午八时及十二时、午后一时及六时间从本馆各开一次至下关。

民国十七年七月三十日，柳诒徵致大学高等教育处张处长函，其主要内容是为推广阅览者机会特增善本阅览季券、善本阅览月券、善本长期阅览券三种补注于本馆章程第四章第七条奉上请审阅。另去年所赠各券期限已过请代为通知，如需此项优待券者开具名单由贵处函示即奉上等事。附本馆章程一份。

民国十七年八月七日，柳诒徵复国立中央大学张校长函，其主要内容是关于《江南通志》这部书本馆只有一部且残缺只能在馆阅览不外借事。

民国十七年八月十七日，柳诒徵复中央党部宣传部函，其内容为：敬复者，顷奉大函征集敝馆藏书目录，兹奉上覆校善本书目一部四册、江南图书局书目二编一部二册又书目一册，统祈检存并希赐一收条。又敝馆新编目录现正编辑尚未付印，附闻。此致，中国国民党中央执行委员会宣传部。

民国十七年八月二十三日，国立中央大学国学图书馆复北平第一图书馆函，其主要内容是请贵馆代抄《永乐大典》，已收到二本还有二本未收到事。

民国十七年八月二十三日，柳诒徵复张校长函，其主要内容是关于4月份购买了贵池先哲遗书一部没有发票只有收据事。

民国十七年八月二十三日，柳诒徵复崔萍村函，其内容为：萍村先生道鉴顷奉大函，藉悉贵馆派定陈君杰夫为中社负责代表进行一切印书事宜，敝馆现派赵君鸿谦为中社代表即希转知陈君共同进行。专此奉复并颂台安。附：中社印行古籍简约共14条。

民国十七年九月八日，国立中央大学国学图书馆致江苏土地整理委员会函，其主要内容是该会借用的《崇明县志》已数月未还,请即日归还事。

民国十七年九月十二日,柳诒徵致高等教育处函,其主要内容是请将本馆阅览部规程二则公布在布告栏内事。附:阅览券优待章程。

民国十七年九月十二日,柳诒徵致高等教育处函,其主要内容是关于本馆赠送的善本甲种优待券交至贵处希转至事。附:甲种优待券。

民国十七年九月十四日,柳诒徵复张校长函,其主要内容是关于十六年度决算书事。

民国十七年九月二十四日,柳诒徵复古物保管委员会函,其主要内容是关于该会要借本馆《三朝要典》一书,按规定不能外借事。

民国十七年九月二十五日,柳诒徵复江西省立图书馆欧阳馆长函,其主要内容是关于将本馆新出版之影印《玉琴斋词》奉赠一部给该馆事。

民国十七年九月二十七日,国立中央大学国学图书馆致土地整理委员会函,其主要内容是关于催该会归还所借《崇明县志》事。

民国十七年九月三十日,柳诒徵复丁芝荪函,其主要内容是关于刊印的《咏怀堂诗集》中丙子诗下卷请补录或代抄事。

民国十七年十月二日,柳诒徵致姚石子函,其主要内容是关于《巩氏东来书说》事。附呈书目二份。

民国十七年十月三日,柳诒徵复张校长函,其主要内容是关于十六年度支出决算书事。附:十六年度支出决算书及各月分册并每月领款数目表三份。

民国十七年十月五日,柳诒徵致刘翰怡函,其主要内容:略。

民国十七年十月五日,柳诒徵复宋文献函,其主要内容是关于购买淮城先哲遗著事。

民国十七年十月六日,柳诒徵致陶蓬仙函,其主要内容是关于征集游经楼丛书事。

民国十七年十月六日,柳诒徵致沈兼士函,其主要内容是关于征集故宫博物院调查影拓各本事。

民国十七年十月七日,柳诒徵致袁守和函,其主要内容是关于传抄《永乐大典》事。

民国十七年十月九日,柳诒徵致李立侯函,其主要内容是关于请先生接洽征集贵省大宗书籍事。

民国十七年十月十一日，柳诒徵复丁芝荪函，其主要内容是关于阮氏丙子诗事。

民国十七年十月十二日，柳诒徵致钱子泉函，其主要内容是关于请把徐氏收藏的《肇域志》借馆抄录或影印事。

民国十七年十月十二日，柳诒徵致徐积余函，其主要内容是关于请把徐氏收藏的《肇域志》六十册全集借馆抄录或影印事。

民国十七年十月十六日，国立中央大学国学图书馆致中华图书馆函，其主要内容是关于请该会将本馆所缺《图书馆学》共六期补齐事。

民国十七年十月三十一日，国立中央大学国学图书馆致建设委员会函，其内容为：敬启者，昨阅报载贵处启事一则，藉悉于置有收音机者免费登记并发给执照。敝馆于月前置有无线电收音机一具，用特函请贵处将登记暂行规则及登记申请书发下，以便按照办理。此致，建设委员会。

民国十七年十月三十一日，柳诒徵复福建图书馆函，其主要内容是关于赠送本馆出版之书五种连同本馆小史一册给该馆，并请该馆赐寄《福建通志》及陈石遗先生全书各一份，另有闽省学者新著新刊请随时告知。

民国十七年十一月一日，柳诒徵致云南图书馆函，其主要内容是请该馆按照云南丛书目录各一份优惠给本馆，本馆另赠新出版影印书五种及本馆小史给该馆。

民国十七年十一月四日，柳诒徵致古物保存所杨所长函，其主要内容是关于借该所《肇域志》二十本抄录事。

民国十七年十一月六日，柳诒徵致朱绍滨函，其主要内容是关于请将所著清史艺文志及其他近作各惠一份并恳请赐近年刊印令祖令尊遗著事。

民国十七年十一月七日，国立中央大学国学图书馆复厦门图书馆函，其主要内容是关于图书分类，本馆按经、史、子、集、丛、志六类。

民国十七年十一月八日，国立中央大学国学图书馆复文化大学函，其内容为：敬复者，案准大函藉悉，一是查敝馆优待学生阅书办法已详馆章，兹承雅嘱对于贵校同学当援照待遇中大学生一律办理，附上规程即希查照。此致，文化大学。

民国十七年十一月八日，国立中央大学国学图书馆复故宫博物院函，其主要内容是该院寄件三十四种已收到事。

民国十七年十一月八日，柳诒徵复沈兼士函，其主要内容是故宫博物院寄件三十四种已收到，并赠本馆索书目五种（计十三本）以及《咏怀堂诗》、《剿奴议撮》、《玉琴斋词》三种和本馆小史。

民国十七年十一月八日，柳诒徵致国民政府教育部函，其主要内容是关于征调各种官书事。

民国十七年十一月八日，国学图书馆复积颐学会函，其主要内容是送上善本书目一部事。

民国十七年十一月二十日，柳诒徵致交通部函，其主要内容是关于征官书事。

民国十七年十一月二十二日，柳诒徵致河南教育厅长兼重修通志处处长函，其主要内容是关于该处赠送的新郑出土的周鼎照片比较模糊，请乞精拓照片事。

民国十七年十一月二十四日，柳诒徵致沈兼士函，其主要内容是关于汉熹平石经拓本事。

民国十七年十一月二十五日，柳诒徵复徐积余函，其主要内容是关于刘刻新书事。

民国十七年十一月二十六日，柳诒徵复唐蔚芝函，其主要内容是关于陆公遗书事。

民国十七年十二月八日，柳诒徵复朱绍滨函，其主要内容是关于清史艺文志稿事。

民国十七年十二月八日，柳诒徵致内政部函，其主要内容是关于征集官书事。

民国十七年十二月十日，柳诒徵复考试院函，其内容为：敬复者，顷奉大函备聆一是所需学政全书、科场条例、科场事例三场程序等书为行政上之参考，自当遵嘱办理。请由贵院书一收据派员前来面取，并祈订期赐还为荷。此复国民政府考试院。

民国十七年十二月十四日，国立中央大学国学图书馆复交通部函，其内容为：敬复者奉到惠函并承赠官书九种，捧诵之下具见经国宏谟，将使航海梯山雄视，万国珍重拜嘉，感幸无似。除编入馆录分存保管阅览部并将邮政与图分悬馆中以资公众浏览外，谨此申谢！此致，国民政府交通部。

民国十七年十二月十四日，国立中央大学国学图书馆复南京电话局函，其内容为：敬复者接展大函藉悉，壹是查敝馆历年所用壁机电话一具系属甲种，兹照贵局筹款办法甲种用户二十元改收四十元，敝馆应除原有押机费半截之外，当补加押费二十元用特备函如数送上，即请贵局查照填给收据为荷。此致，南京电话局。

民国十七年十二月十八日，国立中央大学国学图书馆致镇江陆县长函，其内容为:径启者敝馆本年十二月份一千八百七十五元,现奉通知书由贵署照拨。兹由敝馆主任赵鸿谦携带前项通知书并四联收据前诣贵署,请领即希查照如数拨付,实级公谊。此致,镇江县县长陆。附:育字二六六号通知书一纸四联收据一纸。

民国十七年十二月二十五日,国立中央大学国学图书馆致教育经费管理处函,其内容为:敬启者,敝馆十二月份经费奉发通知书在镇江县署拨付,该县财政局因无现款向该县慎康庄押借,计息一个半月扣洋二十八元一角二分五厘。此项息金是否由贵处认付抑由敝馆列报?即希见复为盼。再十二月份空白收据随函填奉请誊入。此致,江苏教育经费管理处。

民国十七年十二月二十五日,国立中央大学国学图书馆复考试院秘书处函,其主要内容是关于该处借本馆翰林志、国子监志、历代职官表、明职四书事。附:历代职官表一部计二本。

民国十八年一月四日,柳诒徵致陈援庵函,其主要内容是关于庐先生诗稿事。

民国十八年一月八日,柳诒徵复唐蔚芝函,其内容为:蔚芝先生道座月前复上一函谅达,记室时届严冬想杖履绥和定符私颂,承假朱集校释已写,对竣事有此副本珍藏可随时集资。兹将原本由邮寄还,希督入见复,此请道安。

民国十八年一月八日,国立中央大学国学图书馆复农矿部函,其主要内容是关于农矿公报事。

民国十八年一月八日,国立中央大学国学图书馆复云南图书馆,其主要内容是该馆赠书四十九册已收到并表示感谢。

民国十八年一月二十五日,柳诒徵致高公使函,其主要内容是贵公在法国巴黎设立中国图书馆,本馆将年刊寄给该馆事。

民国十八年二月三日,国立中央大学国学图书馆复政治训练部编纂委员会函,其主要内容是该会所借《新》《申》两报请速归还事。

民国十八年二月十六日,国立中央大学国学图书馆致政治训练部编纂委员会函,其主要内容是关于该会所借《申报》还有四十四册未还,请速还事。

民国十八年二月十六日,国立中央大学国学图书馆致扬子江水道整理委员会函,其主要内容是该会所借《武昌县志》十册、《嘉鱼县志》四册、《咸宁县志》八册请速归还事。

民国十八年二月十六日,柳诒徵复李印泉函,其主要内容是关于云南丛书事。

民国十八年二月十六日,柳诒徵致董绶经函,其主要内容是感谢所赠陶印宋版

第二章 江苏省立国学图书馆时期馆刊

《八经白文》事。

民国十八年二月二十八日,柳诒徵致叶玉虎函,其主要内容是感谢所赠影印《曾刚父蛰庵诗存》一册等事。

民国十八年三月三日,国立中央大学国学图书馆复东方图书馆函,其主要内容是关于该馆征集本馆目录以及本馆向该馆征集目录等事。

民国十八年三月五日,柳诒徵致浙江图书馆杨馆长函,其主要内容是本馆的影印《玉琴斋词》《盋山书影》《东来书说》《宋元四家诗》各一种请在西湖博览会上陈列,展览会结束后此书赠给贵馆事。

民国十八年三月五日,柳诒徵致教育部陈秘书函,其主要内容是本馆的影印《玉琴斋词》《盋山书影》《东来书说》《宋元四家诗》各一种请在全国美术展览会上陈列,展览会结束后此书赠给贵部图书馆事。附:书共四种九本。

民国十八年三月五日,国学图书馆复最高法院函,其主要内容是关于该院赠送的《大理院判例汇览》等书共二十二本至今未收到等事。

民国十八年三月五日,柳诒徵致陈杰夫周雁石函,其主要内容是关于最高法院赠送的《大理院判例汇览》等书共二十二本是否误送到贵校图书馆事。

民国十八年三月八日,柳诒徵致刘翰怡函,其主要内容是所赠《雪桥诗话附续集》三集共三十二册已收到等事。

民国十八年三月八日,国立中央大学国学图书馆复国民政府考试院函,其主要内容是关于本馆让住室一间事。

民国十八年三月十四日,国立中央大学国学图书馆复北平北海图书馆函,其主要内容是关于该馆所赠新筑设计图事。

民国十八年三月十四日,柳诒徵致中华图书馆协会函,其主要内容是关于参加罗马国际图书馆协会事。

民国十八年三月十七日,国立中央大学国学图书馆致最高法院函,其主要内容是该院所赠官书被误送到中央大学图书馆事。

民国十八年三月十四日,国立中央大学国学图书馆复考试院秘书处函,其主要内容是该院所借《学政全书》一部计十六册未还事。

民国十八年三月十四日,国立中央大学国学图书馆致周耀宇函,其主要内容是关于四川寄来的书籍潮湿破烂不堪等事。附:邮局原函。

民国十八年三月十六日,国立中央大学国学图书馆致考试院函,其主要内容是该院所借《学政全书》一部计十六册未还事。

民国十八年三月十六日,国立中央大学国学图书馆复通志编纂委员会函,其内容为:敬复者接准大函征集敝馆藏书目录,兹寄上善本书目一部、书目二编一部、又敝馆新编经史丛志四部书目共八册,请查收见复为荷。此致,江苏通志编纂委员会。

民国十八年三月十七日,柳诒徵致张校长函,其主要内容是关于修改馆章事。

民国十八年三月十七日,国立中央大学国学图书馆致电话局函,其主要内容是关于本馆电话机经常坏且不正常,请更换电话机事。

民国十八年三月三十日,柳诒徵致张校长函,其主要内容是关于本馆十六年度一月至六月积余专款册报在案事。

民国十八年三月三十日,柳诒徵复丁芝荪函,其主要内容是关于答谢代抄咏怀堂诗内子诗下卷事。

民国十八年四月二日,国立中央大学国学图书馆致工务局函,其主要内容是关于本馆修补围墙需要砖料(城墙砖)事。

民国十八年四月二日,柳诒徵致周子美函,其主要内容是关于答谢所赠雪桥诗话事。

民国十八年四月二日,柳诒徵复姚石子函,其主要内容是为答谢所赠内经及武陵山人遗书舒艺室全集,本馆赠好古堂书目、洪武京城图志、金陵古今图考三种书。

民国十八年四月三日,柳诒徵致贾果伯函,其主要内容是请赐赠民国财政史关税问题报告事。

民国十八年四月九日,国立中央大学国学图书馆致立法院函,其主要内容是请赐赠贵院统计报告及其他关于政治新书事。

民国十八年四月九日,柳诒徵致邓孝先函,其主要内容是关于尊处藏书目录等事。

民国十八年四月十日,柳诒徵致徐森玉函,其主要内容是请代抄永乐大典等事。

民国十八年四月十四日,国立中央大学国学图书馆复涵江图书馆函,其内容为:敬复者承赠玲珑山馆诗集一册、方简肃公文集二册甚谢雅贶,兹送上善本书目一册、书目二编二册、年刊一册请赐存为荷。此复,涵江图书馆。

民国十八年四月十四日,柳诒徵致丁芝荪函,其内容为:芝荪先生道鉴虞阳说苑得观为快，都中学子又得一部新书浏览矣，已编印成将来尚希惠赐。荆材受予晤及时当代为致声也。复谢，顺颂着祺。

民国十八年四月十六日，柳诒徵致立法院刘廷冕函，其内容为：廷冕仁弟大鉴未常把晤想见贤，劳兄为馆征集官书，承各部院陆续持赠。前闻贵院统计公报业已出版，曾于本月九日正式函请见惠未荷答复，至希执事为之赞助得以陆续拜嘉不胜企荷。敝馆有出版刊物当亦赠送贵院以作交换也，顺颂公绥。

民国十八年四月十八日，柳诒徵致叶玉虎函，其主要内容是关于所赠瘿庵诗集已编目存馆等事。

民国十八年四月三十日，国立中央大学国学图书馆致湖南教育厅函，其主要内容是赠送年刊给该厅事。

民国十八年四月三十日，国立中央大学国学图书馆致中华图书馆协会函，其主要内容是关于本馆书影小史年刊各一册参加罗马国际图书展览会事。

民国十八年五月四日，柳诒徵致叶玉虎函，其主要内容是感谢惠寄的摄影作品事。

民国十八年五月八日，国立中央大学国学图书馆致日本静嘉堂文库函，其内容为：敬启者，蒙赠图书分类目录宏富可嘉，素知尊处编辑新颖体例详明，拟请再赐汉籍目录及秘籍两书俾窥全豹。彼此为文化上事业想荷惠允，兹将敝馆出版书类另邮寄上六种以答雅贶，希检存见复为荷手谢，顺颂撰祺。

民国十八年五月八日，国立中央大学国学图书馆致胶澳商埠局函，其主要内容是该局所赠胶澳志迄今未收到请补寄等事。

民国十八年五月九日，国立中央大学国学图书馆复交通史编纂委员会函，其主要内容是答复该会要借关于行政上参考书事。

民国十八年五月十七日，国立中央大学国学图书馆复大中秘书处函，其主要内容是关于本馆职员所得捐缴送中央执行委员会会计科事。

民国十八年五月十七日，国立中央大学国学图书馆致中央执行委员会秘书处会计科函，其主要内容是关于本馆职员所得捐缴送中央执行委员会会计科事。

民国十八年五月十七日，柳诒徵复江西省立图书馆欧阳馆长函，其主要内容是关于援助该馆事。

民国十八年五月二十一日，柳诒徵致国际出版交换所徐所长函，其主要内容是关于交换品方面事。

民国十八年五月二十五日，柳诒徵复日本东方考古学会岛村孝三郎函，其内容为：岛村先生左右辱荷惠书告知史学杂志购处并寄赠贵会出版貔子窝一巨册，均照收感谢感谢！兹邮寄敝馆出版新籍宋本书影洪武京城图志金陵古今图考三册奉赠贵会至祈察收。贵会后有出版图籍并祈惠赠一份为祷，端肃敬颂台安。

民国十八年六月一日，国立中央大学国学图书馆复首都公安局函，其主要内容是关于驻馆警士不能撤回等事。

民国十八年六月十九日，国立中央大学国学图书馆复西区第一分署函，其主要内容是关于驻馆警士不能撤回等事。

民国十八年六月二十五日，国立中央大学国学图书馆复北平北海图书馆函，其主要内容是关于贵馆有复印机需用本馆书籍事。

来文14件：

民国十七年七月五日，中央大学行政院张乃燕校长来函，其主要内容是关于四月份决算书中置字十号所购先哲遗书一部未有商店正式发票事。

民国十七年八月四日，中央大学张乃燕校长来函，其主要内容是关于本馆购置苏省通志事。

民国十七年八月十六日，中央大学图书馆崔萍村来函，其主要内容是该馆派陈杰夫负责一切印书事宜事。

民国十七年十月二十六日，故宫博物院来函，其主要内容是关于该院各项出版物品皆赠送一全份给本馆事。

民国十七年十月三十日，沈兼士来函，其主要内容是关于编纂文字学书目提要等。

民国十七年十一月十九日，重修河南通志处邓萃英处长来函，其主要内容是该处赠送新郑出土周鼎照片及鼎腹篆字照片各一张事。

民国十七年十一月三十日，国民政府考试院来函，其主要内容是该院向本馆借学政全书、科场条例、科场事例三场程序等书。

民国十七年十二月七日，江南官书局来函，其主要内容是关于该局未迁之前先行开业等事。

民国十七年十二月二十七日，教育经费管理处来函，其主要内容是关于十二月份经费镇江向慎康庄押借，计息一个半月扣洋二十八元一角二分五厘可以列报事。

民国十八年一月二十一日，张乃燕校长来函，其主要内容是关于征集在巴黎中国图书馆藏书事。附：征书启事及复函卡片各一份。

民国十八年一月二十二日，张乃燕校长来函，其主要内容是关于江南书局改为中心茶园，所有存放在该局的书籍取回等事。

民国十八年五月六日，工务局来函，其主要内容是关于答复本馆申请修补围墙需要砖料（城墙砖）事。

民国十八年五月八日，中华图书馆协会来函，其主要内容是答复本馆书影小史年刊各一册参加罗马国际图书展览会事。

民国十八年六月十九日，中央执行委员会会计科来函，其主要内容是收到本馆职员所得捐金额事。

7. "附录"中刊载中华图书馆协会第一次年会宣言及本馆提案

宣言（略）。

提案主要内容：一是请由本会呈请国民政府通令全国各机关，凡有新旧印刷公布之统计、公报、书籍、案牍、图表、文件，按照先入本会之图书馆一律颁送一份俾众公阅案；二是请由本会编制全国地志目录案；三是请本会调查登记公私、中外现存宋版书，以便筹谋影印使勿亡佚案；四是请由本会编译海外现存中国古逸典籍录及域外研究中国学术论，列中国问题著作目案；五是编制中文书目应将新旧书合编，不宜分列新旧书为二目案。

8. 年刊最后是介绍《史学杂志》，两月一期全年六期，并将兹要出版的前四期要目列出。

最后一页刊登本年刊定价每册大洋七角邮费五分，版权所有不准翻印，编辑者：国学图书馆，印刷者：南京公孚印刷所，发行者：南京龙蟠里本馆，代售处：南京及上海商务中华书局、上海蟫隐庐及中国书店，中华民国十八年七月付印，中华民国十八年十月初版。

三、《国学图书馆第三年刊》

（一）《国学图书馆第三年刊》书影

1.《国学图书馆第三年刊》封面（图一）

图一

2.《国学图书馆第三年刊》目录(图二、图三、图四、图五、图六)

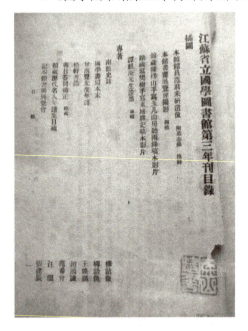

图二

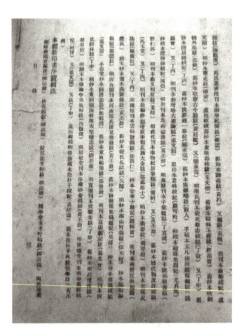

图四

图五

图六

3. 本馆馆员范君耒研遗像(图七)
4. 本馆书画展览会摄影之一(图八)
5. 本馆书画展览会摄影之二(图九)
6. 本馆书画展览会摄影之三(图十)
7. 本馆书画展览会摄影之四(图十一)
8. 馆藏陈楞山手写玉几山房听雨录稿本(图十二)
9. 馆藏万樊榭手写东城杂记稿本(图十三)
10. 谭组安先生遗墨(图十四)

(二)《国学图书馆第三年刊》主要内容及解读

该年刊开本 16 开,共 415 页。封面题有《国学图书馆第三年刊》,封面反面刊登国学图书馆征求海内世族谱牒启事。第一页为江苏省立国学图书馆第三年刊目录,目录共 5 页,详见书影图二、图三、图四、图五、图六。

图七

从目录上看,该年刊与第一年刊、第二年刊类似,既有馆内同人撰写的学术专著、题跋、表格等,如"南监史谈""国学书局本末""松轩书录""馆藏历代名人年谱集

南京图书馆馆刊沿革与解读

目补""曾南丰先生年谱""馆藏善本书题跋辑录""本馆新印书序跋辑录"等等,又有馆内一年中业务、交往等方面的实录,如"本馆藏书统计表""全馆工作报告表""善本阅览统计表""普通阅览统计表""保管部修补书籍一览表""访购部买置图书登记""保管部收到赠送图书登记""阅览部收到赠送书报登记""大事记""本年度案牍辑录"等等。

1. 该年刊除了文字外,还有大量的图片和表格,其中图片有本馆馆员范耒研遗像(图七)、本馆书画展览会摄影一至四(图八、图九、图十、图十一)、馆藏陈楞山手写玉几山房听雨录稿本(图十二)、馆藏万樊榭手写东城杂记稿本(图十三)、谭组安先生遗墨(图十四);表格有《本馆藏书统计表》(图十五)、《十八年度全馆工作报告表》、《十八年度善本阅览统计表》(图十七)、《十八年度普通阅览统计表》(图十六)、《十八年度馆内之传抄工作表》和《十八年度馆外传抄工作表》(图十八)、《保管部十八年度修补装订书籍一览表》(图十九)

2. 该年刊"专著"刊登了本馆柳诒徵馆长的《南监史谈》(一至一二页)和《国学书局本末》(一至一六页)、南通王焕镳的《曾南丰先生年谱》(一至一一二页)、本馆赵鸿谦的《松轩书录》(一至七六页)、淮阴范希曾和本馆范耒研的《书目答问补正卷一》(一至五二页)、本馆汪阆的《馆藏历代名人年谱集目补》(一至八页)、本馆张逢辰的《记本馆书画展览会》(一至二页)和《书画展览会撷余》(一至二页)等著作。

图八

图九

图十

图十一

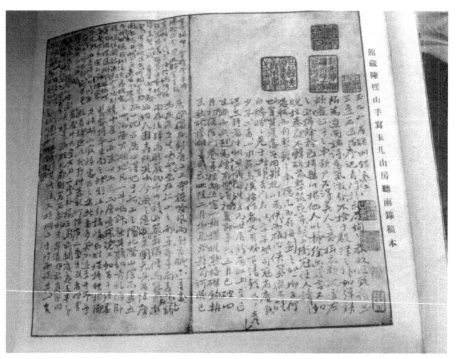

图十二

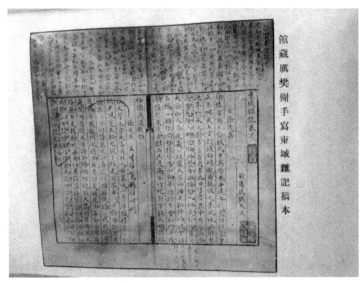

图十三

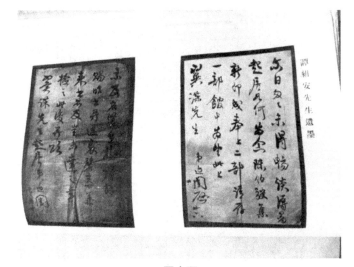

图十四

3. 该年刊"题跋"刊登了《馆藏善本书题跋辑录三》(子部)(一至三八页)。

4. "表格"栏目刊登了《本馆藏书统计表》(图十五)、《十八年度全馆工作报告表》、本馆张逢辰撰写的《民国十八年度之阅览概况》(一至三页)和《民国十八年度之传抄概况》(一至二页)、《十八年度善本阅览统计表》(图十七)、《十八年度普通阅览统计表》(图十六)、《十八年度馆内之传抄工作表》和《十八年度馆外之传抄工作表》(图十八)等等。

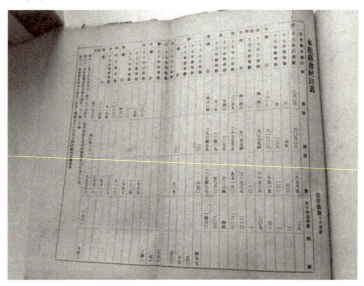

图十五

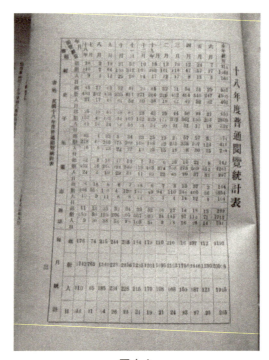

图十六

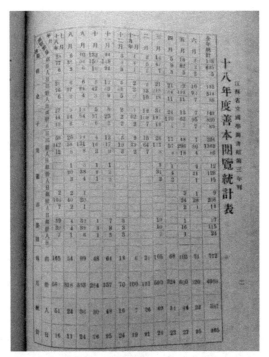

图十七

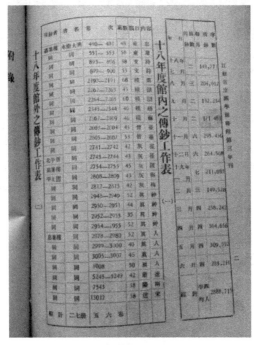

图十八

5. "附录"中登载了《本馆招收特约传抄员简章》共 16 条并附传抄专案表,《嘉业藏书楼承抄永乐大典草约》共 10 条以及《保管部十八年度修补装订书籍一览表》(图十九)等。

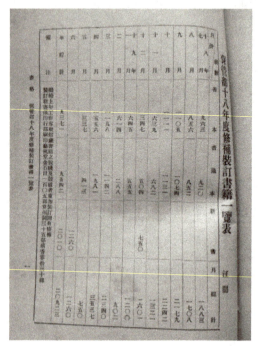

图十九

6. "簿录及记事"栏目登载了《访购部买置图书登记》(十八年七月至十九年六月)(一至十页)、《保管部收到赠送图书登记》(十八年七月至十九年六月)(一至二〇页)、《阅览部收到赠送书报登记》(十八年七月至十九年六月)(一至十页)等。具体内容和统计数字略。

7. "大事记"栏目刊登了自十八年七月至十九年六月本馆所发生的事件,由于在前面第一、第二年刊解读中省略了该栏目内容,因此在本年刊解读中将该栏目内容全部刊出,其内容如下:

十八年七月三日召瓦工修理东院新领屋宇

　　　六日编普通书总集目成

　　　十五日开馆务会议议决善本券星期售半价

　　　二十日照章曝书停止阅览及参观一月　馆员轮休　事务员秦锡麟解职　代理庶务丁子欣仍回缮校员职　文牍兼善本阅览室指导

员胡树屏辞职

二十一日书记陶镕贵兼允善本阅览室事务员　代理庶务王钟茂到馆

二十九日文牍兼善本阅览室指导员庄严到馆

三十日有号称山东会馆职员三人因东院屋宇事来馆滋扰携去军事委员会布告即派馆员至公安分局报告并请保护

三十一日滋扰者复来军警问讯亦来弹压分呈教育部内政部并函公安局及卫戍司令部申述事由请求保护

八月二日公安局及卫戍司令部派员来馆调查请其严究携去军事委员会布告人犯

五日奉教育部指令马祠本属公有屋宇并经拨归馆用在案，该馆为典藏重地何得闲人滋扰业已据情咨行内政部查照令公安局保护

十六日市政府派员来馆调查东院屋宇事搨石碑呈之

二十日曝书期满开馆　胡述之住馆读书

二十六日老米仓军械所失慎

九月十三日教育厅陈和铣厅长就职　庶务王钟茂请假　书记钱耀宗代理庶务

十六日公安局来函属领取军事委员会布告

十九日报载教育部接收国学书局

二十五日教育部以整理国学书局委员公牍致本馆馆长

二十六日上说帖于教育厅报告国学书局经过

十月二日结束中社账目与中央大学图书馆划分存书及售书各款取消中社名义

五日定各学校学生来馆工读简章

十四日召工印刷缪刻各书

十七日市政府派员来馆调查建造马公祠案卷　郿承铨住馆读书

教育厅来文更定馆名为江苏省立国学图书馆

二十三日南京中学实验小学学生全体来馆参观

二十五日内政部派员来馆调查马祠案卷

十一月六日市政府派员来馆调查马祠案卷摄影

九日第二年刊印成

　　　十一日教育厅来文颁发新钤记启用并缴销旧钤记

　　　十九日自是日起书工加晚工　夜有军人声称假馆门警拒之即以
　　　　电话报告卫戍司令部及公安局均派员来视

　　　二十日全馆同仁摄影　开馆务会议修改馆章

　　　二十二日第三师军官来馆借屋以府部院会示禁驻军告之

　　　二十三日教育厅来文本馆预算仍照上年实支数

　　　二十五日函送十月份工作表于教育厅自本月起按月呈送

　　　二十八日郦承铨请假回

　十二月二日缪主干赴沪印书

　　　五日许君仲威赠新购江南书局初得丁氏善本装箱清目下卷一册
　　　　又外楼装箱书目八册又修养堂书画目一册

　　　十五日缪主干自沪回所印元明杂剧切近编经略复国要编均竣事

　　　十七日油印续提善本子部目成

　　　三十一日第三师九旅十七团来馆假屋仍以府部院会示禁驻军告
　　　　之至下午始去　北平图书馆陆续寄到代抄永乐大典五册又委
　　　　托嘉业藏书楼代抄者亦抄成四册

十九年一月七日召木工修理阅览室及东院厅屋

　　　八日普通书集部别集目编成一册

　　　九日军政部送申禁驻军示来

　　　二十二日木工竣事

　　　二十五日停止阅览十日

　二月四日开始阅览

　　　八日虎踞关北失慎

　　　二十二日印行部主干缪凤林改为兼任　延王君焕镳兼任访购部
　　　　主干

　　　二十五日馆员自主任以降均按年功加俸例酌加薪水

　三月二日召工漆阅览室及各院窗橱　垩墙并更缮标语

　　　十一日教育经费委员会开会议决增本馆经费二千五百元在带征项
　　　　下筹拨

十二日植树

十四日柳寿高住馆读书

十五日油印续提善本集部目成　续编成普通书集部别集目一册

二十二日漆工竣事

二十六日召瓦工修屋

二十九日阍人曹炳故

四月二日赵主任缪主干赴沪印书

十日赵主任回馆

十四日缪主干回馆影印名贤尺牍晴江阁文抄种学堂戈戈吟稿竣事

十九日开书籍字画展览会三日来观者千余人

二十一日摄像

五月四日油印续提善本丛志目成

六日移后楼档案庋藏东院

二十三日摄制馆藏书画明信片八组

二十七日工役李荣赴下关取书至中山路为新华建筑公司汽车压伤巡警送至鼓楼医院至夕伤重而死

二十八日教育厅督学周毓华来馆视察

二十九日后楼下旧储档案复发见白蚁蛀损档即行销毁

三十日李荣亲属电告棺敛毕事

六月五日召工修后楼地板　函送十八年专款报销册及中社报销册又十八年七月至十二月收支对照表附单据于教育厅另函送十九年度预算案

六日书库置樟脑丸辟蠹

十日范主干病假回里

十二日经费委员会议决十九年度本馆加经费七千五百元在预备费项下尽先筹拨

十九日武昌文华图书馆专科毕业生来馆参观

二十日地板工毕移置普通书库洋装书于楼下

三十日续编订普通书集部别集目一册　子部目一册　续提善本目撰人姓氏索引四册　继续整理档案共一千零十四件　嘉业藏书

楼陆续寄到代抄永乐大典十六册

8. "本年度案牍辑录"中刊登了来文32件,其中教育部来文1件来函1件指令1件训令1件、教育厅来函2件训令8件指令4件、行政院来函2件、内政部批1件、军政部来函1件、财政厅来函1件、中华图书馆协会来函1件、中央研究院出版品国际交换处来函3件、山东省教育厅来函1件、苏州图书馆来函1件、南京特别市政府来函1件、商务印书馆来函1件、山东同乡会来函1件;发文28件,其中呈教育厅5件致教育厅函5件呈复教育厅2件、呈教育部1件、呈内政部1件、致财政厅函1件、致民政厅长函1件、函首都公安局1件、函公安局姚局长1件、函卫戍司令部1件、致首都卫戍司令部1件、函各机关1件、致鼓楼医院1件、复国立中央研究院出版品国际交换处1件、函西区分署1件、函第九局邵局长1件、函谭祖安院长1件、函首都公安局西区第一分署1件、函江宁地方法院检察处首席陈检察官1件。由于在第一年刊和第二年刊解读中详细记载了全部内容,因此在本年刊解读中具体内容略。

9. 年刊最后是国学图书馆第三年刊正误表。

最后一页刊登本年刊定价每册大洋一元邮费五分,版权所有不准翻印,编辑者:国学图书馆,印刷者:南京公孚印书局,发行者:南京龙蟠里本馆,代售处:首都中华书局、天一书局、苏州振兴书社、杭州抱经堂、上海商务印书馆、中国书店、上海蟫隐庐及北平图书馆,中华民国十九年七月付印,中华民国十九年十一月初版。

四、《国学图书馆第四年刊》

(一)《国学图书馆第四年刊》书影

1.《国学图书馆第四年刊》封面(图一)

2.《国学图书馆第四年刊》目录(图二、图三、图四、图五、图六)

3. 石头城新出元碑(图七)

4. 陶文毅公行书立轴(图八)

5. 钟山书院旧制图(图九)

6. 钟山书院重建图(图十)

7. 本馆新印书籍售价表(图十一)

图一

图二

图三

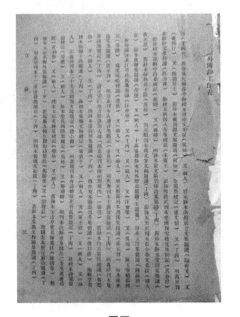

图四

图五

8. 本馆代售各处书籍价目表(图十二)
9. 江苏省立国学图书馆藏书统计表(图十三)

10. 十九年度全馆工作报告表(图十四)
11. 本馆历年新旧印行书籍统计表(图十五)
12. 十九年度善本阅览统计表(图十六)
13. 十九年度普通阅览统计表(图十七)
14. 本馆最近四年中善本阅览统计表(图十八)
15. 十九年度馆内传抄工作统计表(图十九)
16. 十九年度馆外传抄工作统计表(图二十)
17. 十九年度修补装订书籍一览表(图二十一)

(二)《国学图书馆第四年刊》主要内容及解读

该年刊开本 16 开,共 859 页。封面题有《国学图书馆第四年刊》,封面反面刊登国学图书馆征求海内世族谱牒启事。第一页为江苏省立国学图书馆第四年刊目录,目录共 5 页,详见书影图二、图三、图四、图五、图六。

从目录上看,同样既有馆内同人撰写的学术专著、题跋、表格等,如"族谱研究举例""明史稿校录""江苏书院志初稿""江苏社会志初稿""松轩书录""馆藏清代禁书述略""江苏书征初稿""盋山志艺文补""蟫林辑传""馆藏历代名人年谱集目续补""馆藏善本书题跋辑录""本馆新印书序跋辑录"等等,又有馆内一年中业务、交往等方面的实录,如"江苏省立国学图

图六

书馆藏书统计表""本馆历年新旧印行书籍统计表""全馆工作报告表""善本阅览统计表""普通阅览统计表""本馆最近四年中善本阅览统计表""保管部修补装订书籍一览表""访购部买置图书登记""保管部收到赠送图书登记""阅览部收到赠送杂志报章登记""大事记""本年度案牍辑录",又增加了档案类内容等等。

1. 同样该年刊除了文字外,还有大量的图片和表格,其中图片有石头城新出元碑(图七)、文毅公行书立轴(图八)、钟山书院旧制图(图九)、钟山书院重建图(图十);表格有本馆新印书籍售价表(图十一)、本馆代售各处书籍价目表(图十二)、江苏省立国学图书馆藏书统计表(图十三)、十九年度全馆工作报告表(图十四)、《本

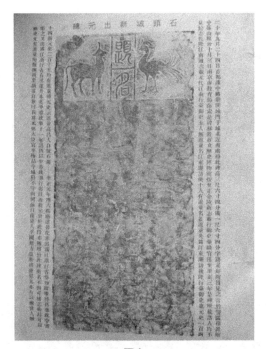

图七

图八

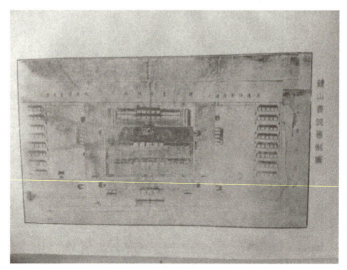

图九

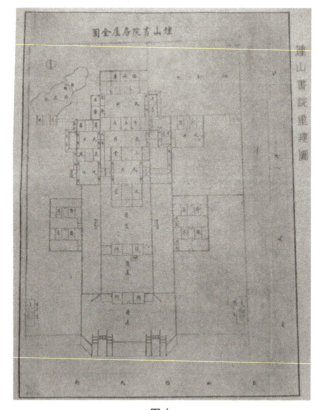

图十

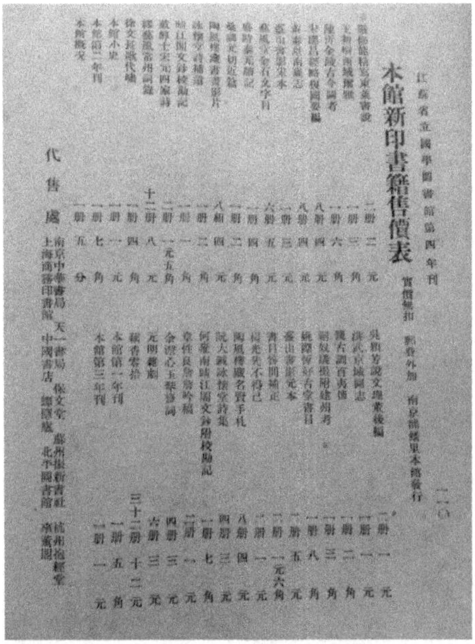

第二章　江苏省立国学图书馆时期馆刊

图十一

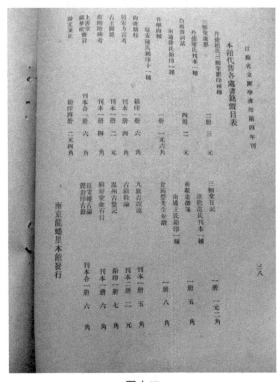

图十二

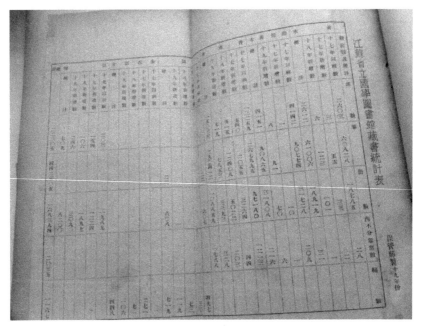

图十三

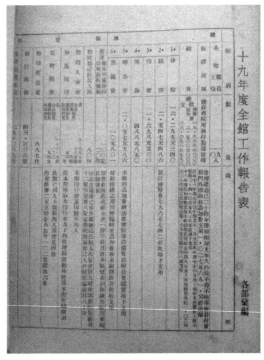

图十四

馆历年新旧印行书籍统计表》(图十五)、《十九年度善本阅览统计表》(图十六)、《十九年度普通阅览统计表》(图十七)、《本馆最近四年中善本阅览统计表》(图十八)、《十九年度馆内之传抄工作统计表》(图十九)、《十九年度馆外传抄工作统计表》(图二十)和《十九年度修补装订书籍一览表》(图二十一)。

2. 该年刊"专著"刊登了本馆柳诒徵馆长的《族谱研究举例》(一至四四页)、《明史稿校录》(一至六〇页)、《江苏书院志初稿》(一至一一二页)和《江苏社会志初稿》(一至九八页),本馆赵鸿谦的《松轩书录》(一至一四四页)、本馆周惎的《馆藏清代禁书述略》(一至五四页)、本馆汪汝燮的《江苏书征初稿》(一至三八页),冰壶主人的《盍山志艺文补》,本馆汪闿的《蟫林辑传》(一至一一〇页)和《馆藏历代名人年谱集目续补》(一至四页)等著作。

3. 该年刊新增了"档案"栏目,刊登了本馆庄严的《操江轮船档案》(一至三八页)。

4. 该年刊"题跋"刊登了《馆藏善本书题跋辑录四》(集部)(一至三〇页)和《本馆新印书序跋辑录》(三一至三二页),《本馆新印书序跋辑录》记载柳诒徵馆长的《南廱志跋》《晴江阁文抄校勘记跋》《书目答问补正序》《歌代啸跋》等。

5. "表格"栏目中记载了《江苏省立国学图书馆藏书统计表》(图十三)、《十九年度全馆工作报告表》(图十四)、《本馆历年新旧印行书籍统计表》(图十五)、《十九年度善本阅览统计表》(图十六)、《十九年度普通阅览统计表》(图十七)、《本馆最近四年中善本阅览统计表》(图十八)、本馆张逢辰的《民国十九年度之传抄概况》、《十九年度馆内传抄工作统计表》(图十九)、《十九年度馆外传抄工作统计表》(图二十)、《十九年度修补装订书籍一览表》(图二十一)等。

6. "簿录及记事"中则刊登了《访购部买置图书登记》(十九年七月至二十年六月)(一至一八页),具体内容类似前几次年刊这里省略。《保管部收到赠送图书登记》(十九年七月至二十年六月)(一至二八页),具体内容类似前几次年刊这里省略。《阅览部收到赠送杂志报章登记》(十九年七月至二十年六月)(一至十四页),具体内容类似前几次年刊这里省略。

7. "记事"栏目记载了自十九年七月至二十年六月期间所发生的事件,其中十九年七月8件、八月2件、九月2件、十月5件、十一月8件、十二月4件,二十年一月6件、二月3件、三月5件、四月5件、五月5件、六月7件。

图十五

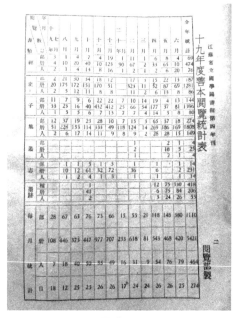

图十六

图十七

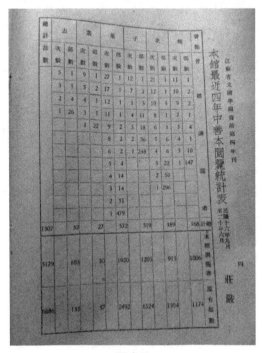

图十八

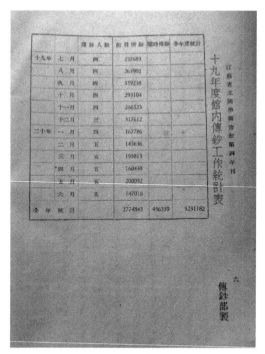

图十九

图二十

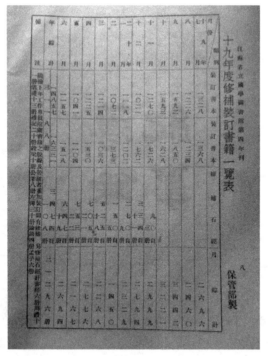

图二十一

8."案牍"栏目刊登了本年度案牍辑录,其中来文40件包含教育厅训令4件指令15件、内政部来函1件、教育经费管理处来函4件、江苏教育厅第二科来函1件、考试院考选委员会来函1件、南京市政府财政局来函2件、朱经农先生来函1件、谢无忌先生来函2件、樊明五先生来函1件、国民政府参加比国博览会代表处来函2件、上海商务印书馆来函1件、北平图书馆来函3件、江苏省识字运动宣传委员会公函1件、江苏省教育厅来函1件等;发文49件包含致(呈、呈复)教育厅函14件、致(复)教育经费管理处函4件、致杨子俛刘北禾函1件、复教育厅第二科函1件、复曾履川函1件、致池则文蔡嵩云函1件、复谢刚主函1件、致俞仲还函1件、致钮部长函5件、复教育厅第三科函1件、致江苏省教费稽核委员会朱次长函1件、请稽核委员会复议稿1件、致任中敏祁锡勇函1件、致朱经农俞仲还函1件、致教育部朱次长函1件、致(复)考选委员会谢无忌函2件、复南京市财政局函1件、致考选委员会秘书长函1件、致公安局第八分局函1件、致(复)国立北平图书馆函3件、致南京市政府财政局长函1件、致傅沉叔函1件、致考试院考选委员会秘书处函1件、复比国博览会中国代表处函1件、致山东省立图书馆王献唐函1件、电贺国立北平图书馆1件等。由于在第一年刊和第二年刊解读中详细记载了全部内容,因此在本年刊解读中具体内容略。

9. 年刊最后一页刊登本年刊定价每册大洋一元五角邮费加一,版权所有不准翻印,编辑者:国学图书馆,印刷者:首都南京印刷所,发行者:南京龙蟠里本馆,代售处:首都中华书局、天一书局、苏州振兴书社、杭州抱经堂、上海商务印书馆、中国书店、上海蟬隐庐及北平图书馆,中华民国二十年八月付印,中华民国二十年十月初版。

五、《国学图书馆第五年刊》

图一

（一）《国学图书馆第五年刊》书影

1.《国学图书馆第五年刊》封面（图一）

2.《国学图书馆第五年刊》目录（图二、图三、图四、图五）

图二

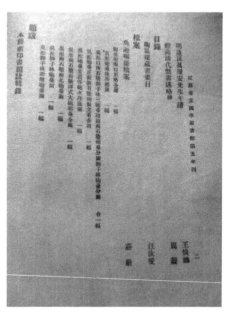

图三

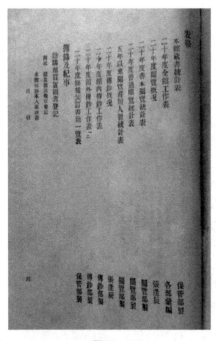

图四

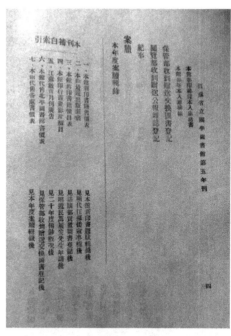

图五

3. 比国百年纪念博览会陈列本馆影印善本书籍奖状(图六)

图六

4. 比国独立百年纪念博览会陈列本馆影印善本书籍奖章（图七）
5. 本馆新得王耕伯清白堂集稿本书影（图八）
6. 馆藏何义门批伊洛渊源录书影（图九）
7. 馆藏翁覃溪批金石文字记书影（图十）

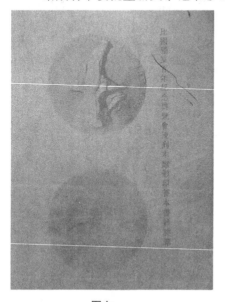

图七

图八

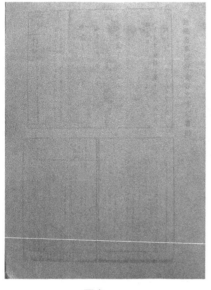

图九

图十

8. 馆藏虞抱经校方言书影（图十一）

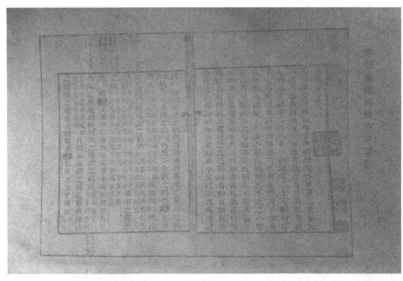

图十一

9. 元赵子昂三马图轴（图十二）
10. 明沈石田雪景山水轴（图十三）

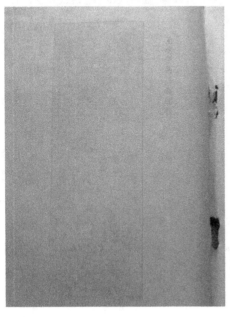

图十二

图十三

11. 明文休承山水清王梦楼题轴（图十四）

12. 明马湘兰瓶花轴（图十五）

图十四　　　　　　　　　　　图十五

13. 江苏省立国学图书馆最近出版新书（图十六）

14. 甬上万氏世系表（图十七、图十八）

15. 吴淞炮台图（图十九至图二十五）

(二)《国学图书馆第五年刊》主要内容及解读

该年刊开本 16 开，共 831 页。封面题有《国学图书馆第五年刊》，封面反面刊登国学图书馆征求海内世族谱牒启事。第一页为江苏省立国学图书馆第五年刊目录，目录共 4 页，详见书影图二、图三、图四、图五。

从目录上看，同样既有馆内同人撰写的学术专著、题跋等，如"江苏明代倭寇事辑""陶风楼藏虞抱经校本述要""明遗民万履安先生年谱""馆藏清代禁述略""本馆新印书题跋辑录"等等，又有馆内一年中业务、交往等方面的实录，如"江苏省立国学图书馆藏书统计表""全馆工作报告表""善本阅览统计表""普通阅览统计表""五年以来阅览人数统计表""保管部修补装订书籍一览表""访购部买置图书登记""保

第二章 江苏省立国学图书馆时期馆刊

管部收到赠送图书登记""阅览部收到赠送杂志公报登记"等以及"大事记""本年度案牍辑录",又增加了"档案"类内容以及"目录"栏目等等。

1. 同样该年刊除了文字外,还有大量的图片和表格,其中图片有比国百年纪念博览会陈列本馆影印善本书籍奖状(图六)、比国独立百年纪念博览会陈列本馆影印善本书籍奖章(图七)、本馆新得王耕伯清白堂集稿本书影(图八)、馆藏何义门批伊洛渊源录书影(图九)、馆藏翁覃溪批金石文字记书影(图十);馆藏虞抱经校方言书影(图十一)、元赵子昂三马图轴(图十二)、明沈石田雪景山水轴(图十三)、明文休承山水清王梦楼题轴(图十四)、明马湘兰瓶花轴(图十五),表格有《江苏省立国学图书馆最近出版新书》(图十六)、《二十年度善本阅览统计表》(图二十六)、《本馆新印书籍售价表》(图二十八)、《五年以来阅览书类人数统计表》(图三十)、《二十年度普通阅览统计表》(图三十一)、《二十年度馆内之传抄工作统计表》(图三十二)、《二十年度馆外传抄工作统计表》(图三十四)和《二十年度修补装订书籍一览表》(图三十五)等等。

图十六

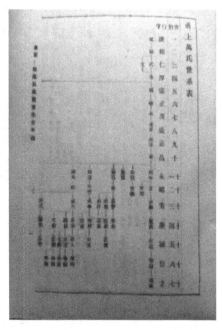

图十七

2. 该年刊"专著"栏目刊登了本馆柳诒徵馆长的《江苏明代倭寇事辑》(一至一七一页)、本馆赵鸿谦的《陶风楼藏虞抱经校本述要》(一至五八页)、南通王焕镳的

《明遗民万履安先生年谱》(三至六二页)和本馆周愙的《馆藏清代禁书述略》(一至六页),中间插入《江苏省立国学图书馆最近出版新书》(图十六)和《甬上万氏世系表》(图十七、图十八)。

3. 该年刊新增加了"目录"栏目,刊登了《陶风楼藏书画目》(一至二六四页)

4. 该年刊继续有"档案"栏目,刊登了本馆庄严撰写的《吴淞炮台档案》(一至七二页),既有文字叙述又有图片呈现,详细记载了吴淞口与杨家嘴炮台始建于清康熙五十七年,同治十三年八月重新修筑工程至光绪三年始竣工,共设大小炮位三十四尊、一等炮目十五名、二等炮目十五名、一等炮勇四十二名、二等炮勇八十五名、三等炮勇一百二十三名、四等炮勇一百零九名、伙勇三十六名共目勇四百二十五名。图片如吴淞炮台图(图十九至图二十五)。

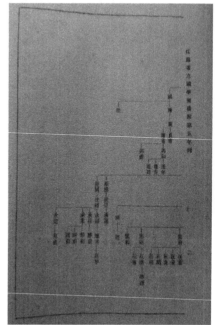

图十八

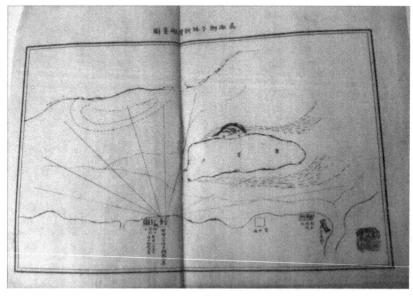

图十九

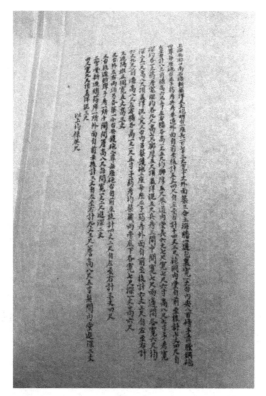

图二十

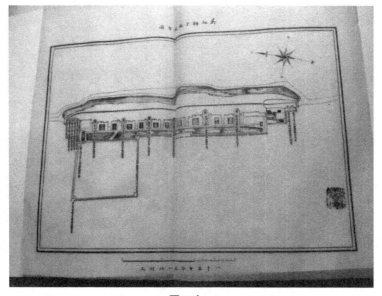

图二十一

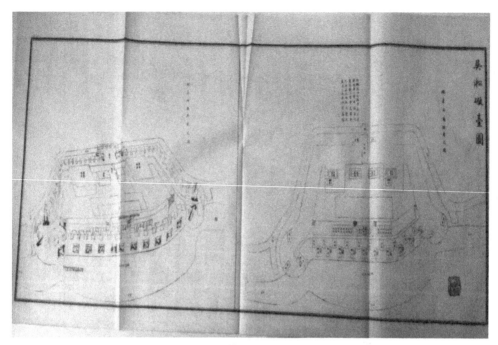

图二十二

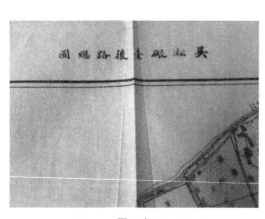

图二十三

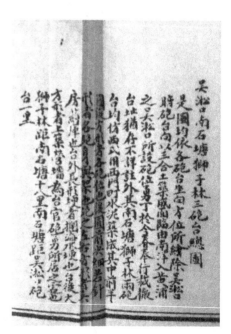

图二十四

图二十五　　　　　　　　图二十六

5. "题跋"栏目继续刊登《本馆新印书题跋辑录》(一至二页)。中间插入了《本馆新印书籍售价表》(图二十八)。

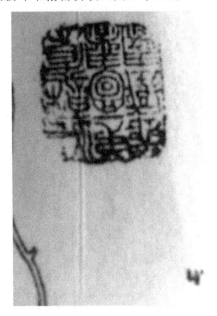
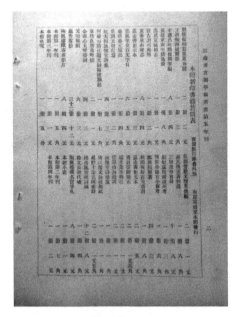

图二十七　　　　　　　　图二十八

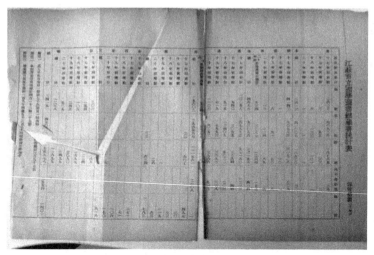

图二十九

6."表格"栏目除了刊登本馆正常业务工作量统计,如《二十年度全馆工作报告表》(图三十三)、《二十年度普通阅览统计表》(图三十一)、《二十年度善本阅览统计表》(图二十六)、《五年以来阅览书类人数统计表》(图三十)、《二十年度馆内传抄工作表》(图三十二)、《二十年度馆外传抄工作表》(图三十四)、《二十年度修补装订书籍一览表》(图三十五),还有本馆张逢辰的《二十年度阅览概况》和《二十年度传抄概况》。

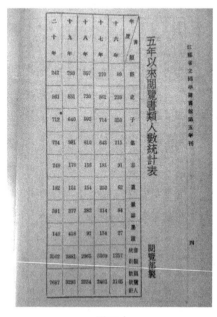

图三十

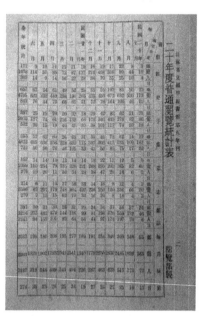

图三十一

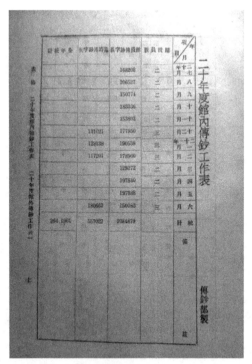

图三十二

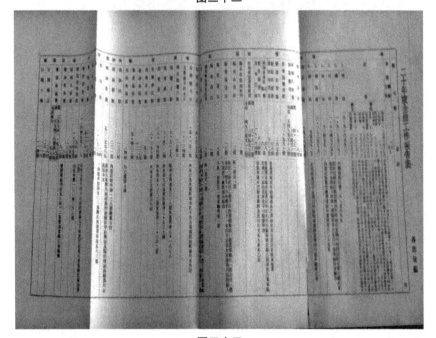

图三十三

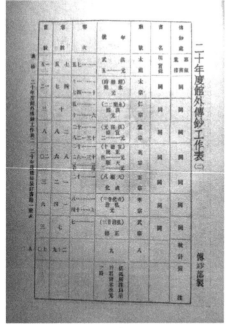

图三十四　　　　　　　　　图三十五

7."簿录及记事"栏目继续登载《访购部买置图书登记》(二十年七月至二十一年六月)(一至一四页)、《保管部收到赠送图书登记》(二十年七月至二十一年六月)(一至四二页)、《阅览部收到赠送公报杂志登记》(二十年七月至二十一年六月)(一至一二页)。详细内容略。

8."记事"栏目刊登本馆自二十年七月至二十一年六月发生的大事件共77件,其中二十年七月8件、八月8件、九月11件、十一月5件、十二月8件,二十一年一月7件、二月10件、三月7件、四月4件、五月5件、六月4件。详细内容略。

9."案牍"登载本年度案牍辑录共98件,其中来文有教育厅训令15件指令12件、首都警察厅来函2件、建设委员会首都电厂来函1件、教育厅快邮代电1件、实业部国货陈列馆来函1件、安徽丛书编印处来函1件、陈厅长来函1件、江苏省立南京民众教育馆来函1件、江苏省社会教育成绩展览会筹备委员会来函1件、南京市政府工务局来函1件、南京市教育局来函1件、南京市立博物馆来函1件、刘承干来函1件、江苏省立社会教育机关职教员联合会来函2件、江苏省立教育学院来函1件、南京市政府来函1件、国立中央研究院来函1件、江苏教育经费管理处来函1件、江苏教育经费委员会来函1件、南京市土地局来函1件、祁锡勇赵光涛来函1件、国民政府参加比国博览会代表处来函1件、交通部总务司第六科来函1件、江苏省立镇江图书馆筹备处来函1件等52件;发文有致施韵秋函4件、复教育学院高践四函1件、呈(致)教育厅文(函)13件、复程演生函1件、致警察厅长函1件、致电灯厂函1件、致(复)国民政府参加比国博览会代表处函3件、复王献唐函1件、致教育厅陈厅长函1件、致警察厅公函1件、致工务局局长函1件、致刘干怡函1件、致警察第八局第四分所杨巡官函1件、致社教成绩展览会筹备会函1件、呈(复)土地局函2件、致南京市政府公函1件、致教费管理处钮处长函1件、致中央研究院蔡院长函1件、呈京沪卫戍司令长官陈函1件、致中央研究院函2件、复教费管理处函1件、致十九路军办事处函1件、复南京民众教育馆函2件、复教育部图书馆函1件、致第五局第五分驻所杨巡官函1件、复徐州民众教育馆宣传周筹备处函1件等46件。详细内容略。

10.年刊最后一页刊登本年刊定价每册大洋一元二角邮费加一,版权所有不准翻印,编辑者:国学图书馆,印刷者:南京仁德印刷所,发行者:南京龙蟠里本馆,代售处:南京的钟山书局、南京书店、保文堂、聚文堂、萃苦山房;苏州的振兴书社;上海的蟫隐庐、中国书店、来青阁;杭州的抱经堂、经训堂;北平的北平图书馆、文奎堂、修绠堂、大同书店、开明书局、来熏阁;武昌的文华季刊社;重庆的华化书局。中华民国二十一年八月付印,中华民国二十一年十二月初版。

六、《国学图书馆第六年刊》

(一)《国学图书馆第六年刊》书影

1. 《国学图书馆第六年刊》封面(缺)
2. 《国学图书馆第六年刊》目录(图一、图二、图三)
3. 本年刊补白索引(图四)
4. 馆藏四库底本俞汝言春秋平义手稿(图五)
5. 馆藏四库底本邓牧伯牙琴(图五)
6. 馆藏四库底本黄玠弁山小隐吟录(图六)
7. 馆藏四库删改本王安礼王魏公集(图六)
8. 馆藏王怀祖手书识语六则(图七)
9. 馆藏陈仲鱼跋文两则并藏印十三方(图八)

10. 明顾箬溪行书平倭篇长卷(图九)
11. 清程梦非行书轴(图十)
12. 清鲁通甫梅花轴(图十一)

图一

图三

图四

图五

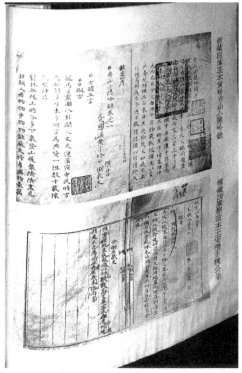

图六

图七

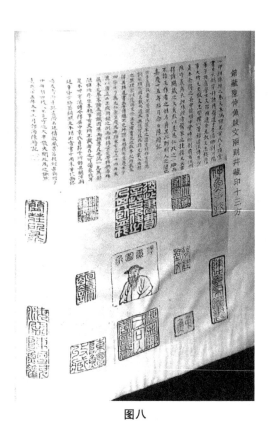

图八

图九

图十

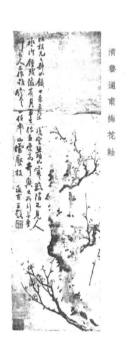

图十一

13. 镇江新出土宋碑井碑阴(图十二)

图十二

14. 馆藏宋本云仙散录纸背南宋公文印记四帧(图十三)

图十三

15. 附录原文十八则（图十四、图十五）

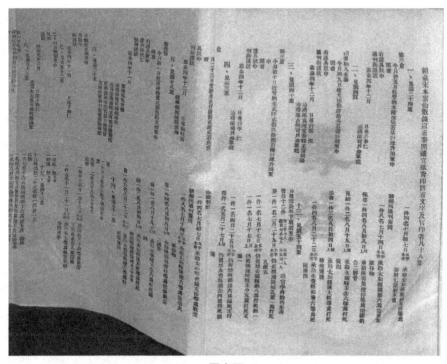

图十四

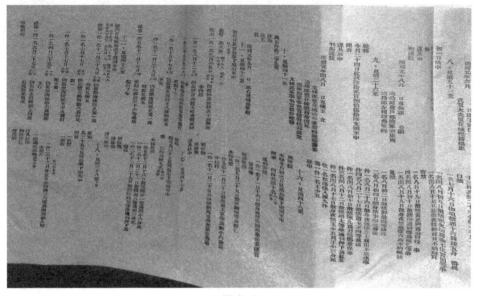

图十五

16. 本馆藏书统计表(图十六)

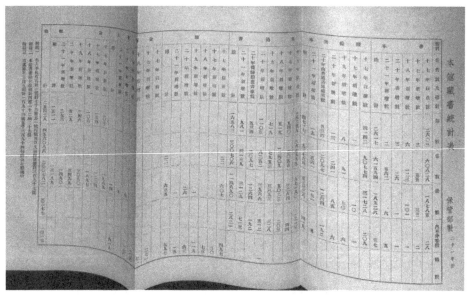

图十六

17. 二十一年度全馆工作报告表(图十七)

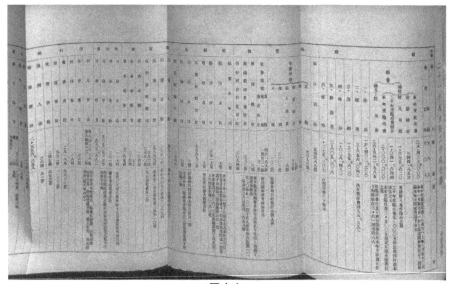

图十七

18. 二十一年度阅览善本书类统计表(图十八)

19. 二十一年度阅览普通书类统计表(图十九)

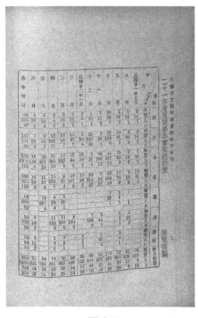
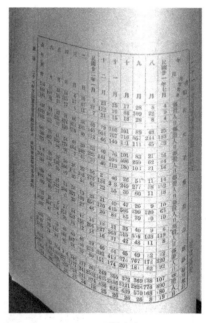

图十八　　　　　　　　　　　　图十九

20. 二十一年度馆内传抄工作表(图二十)

图二十

21. 二十一年度馆外传抄稽核表（图二十一、图二十二）

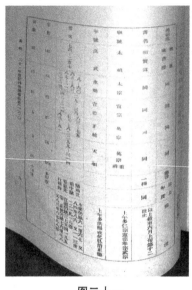

图二十一　　　　　　　　　图二十二

22. 二十一年度修补装订书籍一览表（图二十三）
23. 本馆代售各处书籍价目表（图二十四）

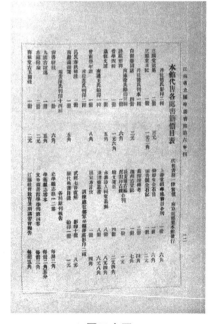

图二十三　　　　　　　　　图二十四

24. 本馆六年以来经常收支比较表（图二十五）

（二）《国学图书馆第六年刊》主要内容及解读

该年刊开本 16 开，共 801 页。封面题有《国学图书馆第六年刊》，遗憾的是现馆藏中封面已缺，反面刊登的国学图书馆征求海内世族谱牒启事也同封面一样缺损。第一页为江苏省立国学图书馆第六年刊目录，目录共 3 页，书影图一、图二、图三。

从目录上看，既有馆内同人撰写的学术专著、题跋等，如"江苏艺文志""吕氏春补注目录""建康实录校记叙例""疏庵校记偶存""本馆新印书题跋辑录"等等，又有馆内一年中业务、交往等方面的实录，如"本馆藏书统计表""全馆工作报告表""善本阅览统计表""普通阅览统计

图二十五

表""本馆六年以来经常收支比较表""保管部修补装订书籍一览表""访购部购置图书登记""保管部收到赠送图书登记""阅览部收到赠送杂志公报登记"以及"大事记""本年度案牍辑录"等等。

1. 该年刊除了文字外，还有大量的图片和表格，其中图片有《馆藏四库底本俞汝言春秋平义手稿》（图五）、《馆藏四库底本邓牧伯牙琴》（图五）、《馆藏四库底本黄玠弁山小隐吟录》（图六）、《馆藏四库删改本王安礼王魏公集》（图六）、《馆藏王怀祖手书识语六则》（图七）、《馆藏陈仲鱼跋文两则并藏印十三方》（图八）、《明顾箬溪行书平倭篇长卷》（图九）、《清程梦菲行书轴》（图十）、《清鲁通甫梅花轴》（图十一）、《镇江新出土宋碑井碑阴》（图十二）、《馆藏宋本云仙散录纸背南宋公文印记四帧》（图十三）、《附录原文十八则》（图十四、图十五）；表格有《本馆藏书统计表》（图十六）、《二十一年度全馆工作报告表》（图十七）、《二十一年度阅览善本书类统计表》（图十八）、《二十一年度阅览普通书类统计表》（图十九）、《二十一年度馆内传抄工作表》（图二十）、《二十一年度馆外传抄稽核表》（图二十一、图二十二）、《二十一年度修补装订书籍一览表》（图二十三）、《本馆代售各处书籍价目表》（图二十四）、《本馆六年以来经常收支比较表》（图二十五）等等。

2. "专著"栏目刊登了由泰兴金鉽薇意编的《江苏艺文志》(一至四三六页)、《吕氏春秋补注目录》(一至一五〇页)。

3. "校勘"栏目刊登了《建康实录校记叙例》(一至五二页)、张梦严的《疏庵校记偶存》(一至二八页)等。

4. "题跋"栏目刊登了《本馆新印书题跋辑录》(一至四页)等。

5. "表格"栏目刊登了《本馆藏书统计表》(图十六)、《二十一年度全馆工作报告表》(图十七)、《二十一年度阅览部概况》、《二十一年度阅览善本书类统计表》(图十八)、《二十一年度阅览普通书类统计表》(图十九)、《江苏省立国学图书馆阅览部特种借书规约》、《二十一年度传抄部概况》、《二十一年度馆内传抄工作表》(图二十)、《二十一年度馆外传抄稽核表》(图二十一、图二十二)、《二十一年度修补装订书籍一览表》(图二十三)、《本馆代售各处书籍价目表》(图二十四)等。

6. "簿录及记事"刊登了《本馆最近五年善本书库入藏书籍登记》(一至六页)、《本馆六年以来经常收支比较表》(图二十五)、《访购部购置图书登记》(二十一年七月至二十二年六月)(一至十七页)、《本馆新制读书标语》(内容为:开卷有益、学然后知不足、开拓万古心胸、人不可以无耻、不学便老而衰、行己有耻博爱于文、为学须是切实为己、君子以朋友讲习、学以聚之问以辨之、为学日益为道日损、穷理尽性以至于命、小立课程大作工夫、锲而不舍金石可镂、学而时习之不亦乐乎、博学而笃志切问而近思、多识前言往行以畜其德、但患学不足不患无际遇、为学如逆水行舟不进则退、学而不思则罔思而不学则殆、彊勉学问则闻见博而知益明、圣贤之学不贵能知而贵能行、悠悠忽忽便等闲断送一生、君子以教思无穷容保民无疆、知类通达彊立而不反谓之大成、大人之学也为道小人之学也为利、多闻则守之以约多见则守之以卓、博学之审问之慎思之明辨之笃行之、好学近乎知力行近乎仁知耻近乎勇、礼义廉耻国之四维四维不张国乃灭亡、为学须先立志志既立则学问可次第着力、开卷便有与圣贤不相似处岂可不自鞭策、圣贤之言须常将来眼头过口头转心头运、居天下之广居立天下之正位行天下之大道、知今不知古谓之聋瞽知古不知今谓之陆沈、人之所以异于禽兽者几希庶民去之君子存之、读书只恁逐段子细看积累去则一生读多少书、读书须是知贯通处东边西边都触着这关挟子方得、学者读书须是于无味处致思至于群疑并寝食俱废乃能骤进)、保管部收到赠送图书登记(二十一年七月至二十二年六月)(一至三六页)、阅览部收到赠送公报杂志登记(二十一年七月至二十二年六月)(一至一〇页)。

7. "记事"栏目记载了自二十一年七月至二十二年六月本馆所发生的大事记83件,其中二十一年七月9件、八月4件、九月7件、十月6件、十一月9件、十二月6件,二十二年一月8件、二月8件、三月5件、四月6件、五月7件、六月8件。

8. "案牍"刊登本年度案牍辑录,其中来文48件(一至一四页),包括教育厅指令(训令、来函)18件、江苏省立镇江图书馆筹备处来函1件、中央国医馆来函1件、南京三民中学来函3件、国民政府文官处文书局来函1件、首都警察厅第五警察局来函1件、南京市财政局来函1件、国立中央研究院来函1件、南京市政府公函1件、镇江省立民众教育馆来函1件、教育厅代电1件、上海市通志馆来函1件、东北义勇军后援会来函1件、教育部来函1件、南京民众教育馆来函1件、镇江图书馆来函1件、教育部社会教育司来函1件、首都电灯厂来函2件、南京市政府工务局来函1件、李煜瀛先生快邮代电1件、世界文化合作中国代表团上海事务处来函1件、训练总监部军学编译处来函1件、赵光涛先生来函1件、朱坚白孙枋赵光涛三先生来函1件、中央图书馆筹备处公函1件、金陵大学图书馆函1件、全国度量衡局函1件、美国顾立雅先生来函1件;发文40件(一四至二八页),包括致首都警察厅第五局第五分所函1件、(致、呈)教育厅文12件、复镇江图书馆筹备处1件、致首都警察厅函1件、致南京市财政局1件、致国民政府文官处函1件、致警察厅第五局函2件、复国民政府文官处文书局函1件、复三民中学函2件、致中央研究院函1件、致财政局函2件、致第五警局第五分驻所函1件、致赵棣华函1件、致南京市社会局1件、致(南京市)石市长公函2件、致南京市政府工务局公函1件、复江苏省教育厅函1件、致镇江图书馆会计股函1件、致首都电灯厂函2件、致南京民众教育馆朱坚白先生函1件、复世界文化合作中国代表团办事处函1件、复全国度量衡局函1件、致陈傲庸先生函1件、致北平顾立雅先生函1件。

最后一页是《本馆新印书籍售价表》。

七、《国学图书馆第七年刊》

(一)《国学图书馆第七年刊》书影

1.《国学图书馆第七年刊》封面(图一)

图一

2. 《国学图书馆第七年刊》目录(图二、图三、图四、图五)

3. 本馆新得蒋春农先生批点韩集书影(图六)

4. 李琴夫先生八松庵诗草稿本书影(图七)

5. 馆藏顾涧薲校广雅书影(图八)

6. 馆藏顾涧薲校易林书影(图九)

7. 杨椒山行书轴(图十)

8. 沈归愚行书轴(图十一)

9. 陶文毅公手札(图十二、图十三)

10. 高且园指画山水轴(图十四)

11. 苏虚谷指画风竹轴(图十五)

(二)《国学图书馆第七年刊》主要内容及解读

该年刊开本 16 开,共 957 页。封面题有《国学图书馆第七年刊》(图一),反面刊登江苏省立国学图书馆图书总目发行特价启事。第一页为江苏省立国学图书馆第七年刊目录,目录共 4 页,详见书影图二、图三、图四、图五。

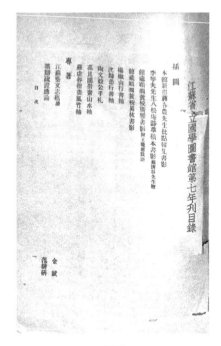

图二

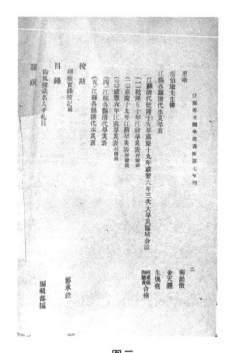

图三

第二章 江苏省立国学图书馆时期馆刊

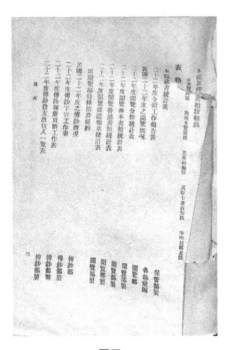

图四

图五

从目录上看,既有馆内同人撰写的学术专著、题跋等,如"江苏艺文志""墨辩疏证通论""里乘卷之一""张伯愉先生传""建康实录校记下""陶风楼藏名人手札目""本馆新印书题跋辑录"等等,又有馆内一年中业务、交往等方面的实录,如"本馆藏书统计表""全馆工作报告表""善本阅览统计表""普通阅览统计表""保管部修补装订书籍一览表""访购部购置图书登记""保管部收到赠送图书登记""阅览部收到赠送杂志公报登记"以及"大事记""本年度案牍辑录"等等。

1. 该年刊除了文字外,还有大量的图片和表格,其中图片有《本馆新得蒋春农先生批点韩集书影》(图六)、李琴夫先生八松庵诗草稿本书影(图七)(戴清谷先生赠)、馆藏

图六

顾涧薲校广雅书影（图八）（附王晚闻跋语）、馆藏顾涧薲校易林书影（图九）、杨椒山行书轴（图十）、沈归愚行书轴（图十一）、陶文毅公手札（图十二、图十三）、高且园指画山水轴（图十四）、苏虚谷指画风竹轴（图十五）。

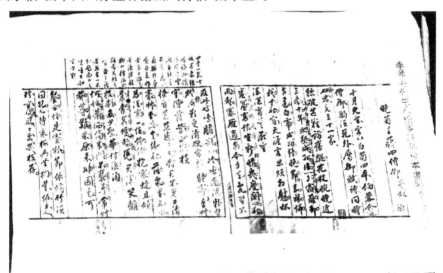

图七

图八　　　　　　　　　　　图九

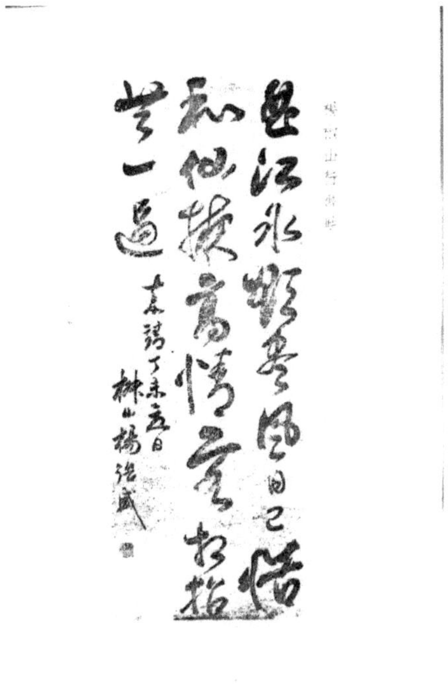

第二章　江苏省立国学图书馆时期馆刊

图十

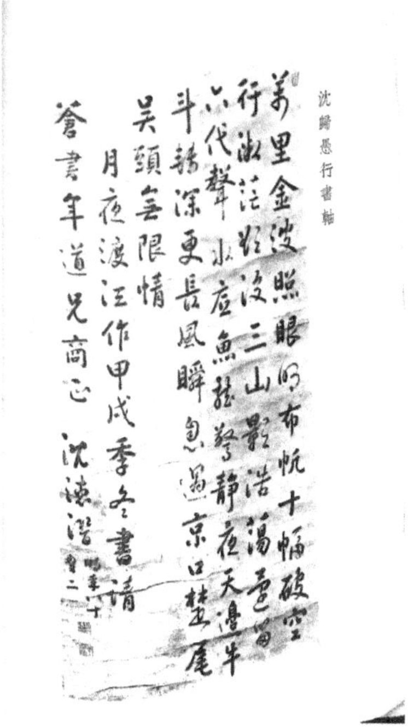

图十一

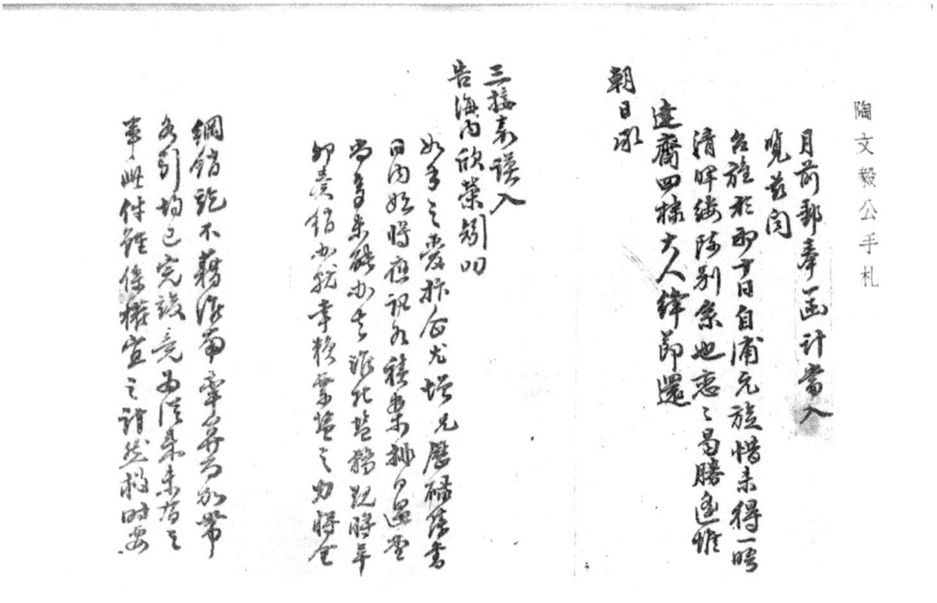

图十二

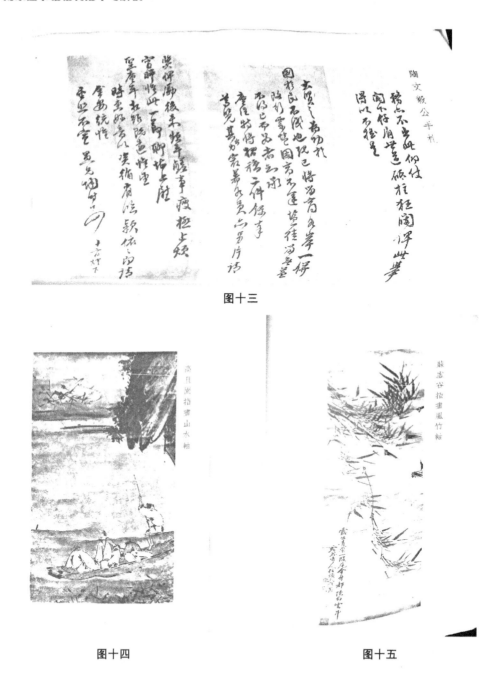

图十三

图十四　　　　　　　　　　　　图十五

2. 该年刊"专著"栏目继续刊登《江苏艺文志》(一至五四八页)以及淮阴范耕研的《墨辩疏证通论》(一至一四页)、本馆柳诒徵的《里乘卷之一》(一至八八页)和金天翮的《张伯愉先生传》(一至二页)等。

3. "校勘"栏目刊登了《建康实录校记下》(一至六七页)。

4. "目录"栏目刊登《陶风楼藏名人手札目》(一至九六页)。

5. "题跋"栏目继续刊登《本馆新印书题跋辑录》(一至四页)。

6. "表格"栏目继续刊登《本馆藏书统计表》《二十二年度全馆工作报告表》《民国二十二年度之阅览概况》《二十二年度阅览分类统计表》《二十二年度阅览善本书类统计表》《二十二年度阅览普通书类统计表》《二十二年度阅览杂志报章统计表》《江苏省立国学图书馆阅览部特种借书规约》《民国二十二年度之传抄概况》《二十二年度传抄字数工作表》《二十二年度传抄种册页数工作表》《二十二年度传抄费支出收入一览表》《二十二年度修补装订书籍一览表》《本馆影印书籍提要之三》等内容。

7. "簿录及记事"栏目刊登了《本馆善本书库入藏图书登记》(二十二年七月至二十三年六月)、《访购部购置图书登记》(二十二年七月至二十三年六月)(一至二七页)、《保管部收到赠送交换图书登记》(一至二四页)、《阅览部收到赠送公报杂志登记》(二十二年七月至二十三年六月)(一至一二页)等等。

8. "记事"登载了从二十二年七月起至二十三年六月止本馆所发生的大事记共121件,其中二十二年七月12件、八月13件、九月12件、十月9件、十一月8件、十二月11件,二十三年一月9件、二月9件、三月6件、四月11件、五月12件、六月9件。

9. "案牍"栏目登载了本年度案牍辑录共117件,其中来文52件,包括教育厅(指令、训令、来函)23件、驻京日本总领事馆来函1件、南京市工务局来函3件、总理陵园管理委员会来函1件、丹阳县政府来函2件、叶定侯先生来函2件、吴诗初先生来函1件、世界文化合作中国协会筹备委员会来函1件、国立中央大学来函1件、朱骝先部长来函1件、首都警察厅第五警察局来函3件、李拔可先生来函1件、国立武汉大学图书馆来函1件、南京市社会局来函1件、王献唐先生来函1件、商务印书馆来函1件、刘翰怡先生来函1件、无锡图书馆协会来函2件、何叙父先生来函2件、苏州图书馆来函1件、孙洪芬先生来函1件、陈渭士先生来函1件;发文65件,包括呈(致)教育厅文25件、致驻京日本总领事馆函1件、(致)复南京市工务局函2件、致镇江县政府函1件、致丹阳县政府函1件、致丹阳县郭县长函2件、复傅先章先生函1件、致张蓬生君函1件、致蒋慰堂先生函2件、复冯翰飞先生函1件、致南京市政府秘书处张纯一先生函1件、致石蘅青市长函1件、致(复)叶定侯先生函2件、致张咏览先生函1件、复吴诗初先生函1件、致(复)朱骝先先生函2

件、复中央大学函1件、复世界文化合作中国协会筹备委员会函1件、致警察厅第五局函3件、复李拔可先生函1件、致南京市政府社会局函1件、致中央模范林管理局函1件、复武汉大学函1件、复王献唐先生1件、致刘翰怡先生函1件、复商务印书馆函1件、致周佛海厅长函1件、复无锡图书馆协会函3件、致陈渭士先生函1件、复何叔父先生函1件、致孙洪芬先生函1件、复童履吉函1件等。

    10. 年刊最后一页刊登本年刊定价每册大洋一元二角邮费加一，版权所有翻印必究，编辑者：国学图书馆，印刷者：南京仁德印刷所，发行处：南京龙蟠里本馆，代售处：南京的钟山书局、保文堂、聚文堂、萃苦山房；苏州的来青阁；上海的蟬隐庐、中国书店、来青阁、中国通艺馆；杭州的浙江图书馆、抱经堂、经训堂；北平的北平图书馆、文奎堂、修绠堂、大同书局、开明书局、来熏阁；武昌的文华季刊社；广州的岭南图书社。中华民国二十三年九月付印，中华民国二十三年十一月初版。

八、《国学图书馆第八年刊》

（一）《国学图书馆第八年刊》书影

1.《国学图书馆第八年刊》扉页（图一）、封面（图二）

图一

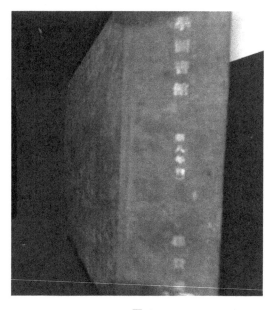

图二

第二章 江苏省立国学图书馆时期馆刊

2.《国学图书馆第八年刊》目录(图三、图四、图五、图六、图七)

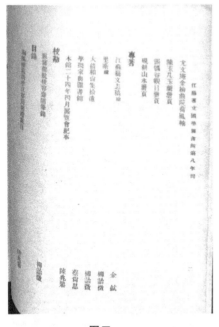

图三

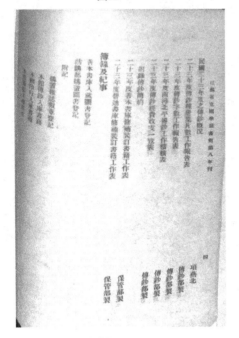

图五

图六

3. 栖霞山二徐题名拓本(图八)

4. 陆放翁定林题名拓本(图八)

5. 大错和尚书语嵩和尚碑拓本(图九)

8. 鬼子母图卷(图十七)

6. 严修能批校容斋随笔书影(图十)

7. 书籍字画展览会摄像(图十一、图十二、图十三、图十四、图十五、图十六)

9. 仇十洲伯乐相马图卷(图十八)

10. 尤文庵金绘曲院荷风轴(图十九)

11. 陈玉几玉兰册页(图二十)

12. 张瓟谷观日册页(图二十一)

13. 耕砚山水册页(图二十二)

(二)《国学图书馆第八年刊》主要内容及解读

该年刊的装帧形式与前几期有所不同,类似于函套形式,开本 16 开,共 1051 页。封面和扉页题有《国学图书馆第八年刊》(图一、图二),扉页反面刊登江苏省立国学图书馆图书总目发行特价启事。第一页为江苏省立国学图书馆第八年刊目录,目录共 5 页,详见书影图三、图四、图五、图六、图七。

从目录上看,既有馆内同人撰写的学术专著、题跋等,又有馆内一年中业务、交往等方面的实录,以及"大事记""本年度案牍辑录"等等。

1. 该年刊除了文字外,还有大量的图片和表格,其中图片有《栖霞山二徐题名拓本》(附莫高窟造象拓本)(图八)、陆放翁定林题名拓本(图八)、大错和尚书语嵩和尚碑拓本(图九)、严修能批校容斋随笔书影(图十)、书籍字画展览会摄像(图十一、图十二、图十三、图十四、图十五、图十六)、鬼子母图卷(图十七)、仇十洲伯乐相马图卷(图十八)、尤文庵金绘曲院荷风轴(图十

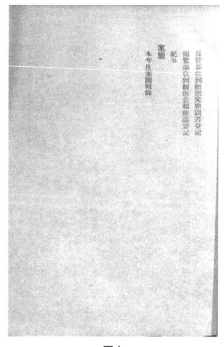

图七

九)、陈玉几玉兰册页(图二十)、张瓠谷观日册页(图二十一)、砚耕山水册页(图二十二)。

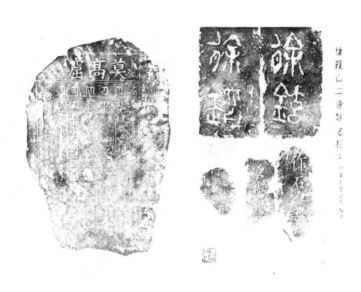

图八

图九

图十

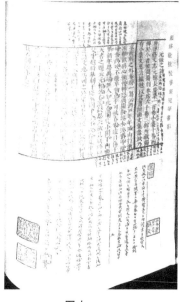

图十一

图十二

图十三

图十四

图十五

图十六

图十七

图十八

图十九

图二十

图二十一

图二十二

2. "专著"栏目继续刊登《江苏艺文志》(一至二二六页)和《里乘卷之二》(一至

一〇四页)以及柳诒徵馆长的《大错和尚集拾遗》(一至四二页)、蔡尚思的《学问家与图书馆》(一至一六页)、陈兆鼎的《本馆二十四年四月展览会纪事》(一至四〇页)等。

3. "校勘"栏目登载了《严修能批校容斋随笔》(一至三六页);"目录"栏目登载了《陶风楼藏清季江宁局署档案第一集目录》(一至一三二页)和《陶风楼藏清季江宁局署档案目录卷二》(一至一九六页);"题跋"栏目刊登了《全宋词跋尾》(一至二八页)、《冰壶读书录》(一至二〇页)、《本馆新印书题跋辑录》(一至六页)。

4. "表格"栏目中刊登了《本馆历年藏书统计表》《本馆最近半年藏书统计表》《二十三年度全馆工作表》《二十三年度阅览部概况》《民国二十三年度之传抄概况》《二十三年度善本书库修补装订书籍工作表》(二十三年度七月至二十四年度六月)等等。

5. "簿录及记事"栏目没有新的内容,仍然刊登《善本书库入藏图书登记》(二十三年七月至二十四年六月)(一至四页)、《访购部购置图书登记》(二十三年七月至二十四年六月)(一至二〇页)、《保管部收到赠送交换图书登记》(二十三年七月至二十四年六月)(一至四〇页)、《阅览部收到赠送公报杂志登记》(二十三年七月至二十四年六月)(一至一四页)。

6. "记事"栏目记载了从二十三年七月至二十四年六月本馆所发生的大事件共 257 件,其中二十三年七月 19 件、八月 27 件、九月 14 件、十月 20 件、十一月 21 件、十二月 20 件,二十四年一月 22 件、二月 20 件、三月 20 件、四月 26 件、五月 23 件、六月 25 件。"案牍"栏目记载了本年度案牍辑录共 181 件,其中来文 91 件发文 90 件。

九、《国学图书馆第九年刊》

(一)《国学图书馆第九年刊》书影

1. 《国学图书馆第九年刊》扉页(图一)
2. 《国学图书馆第九年刊》目录(图二、图三、图四、图五、图六)
3. 赵诚夫三国志注补稿本书影(图七)
4. 周继志历宗通议抄本书影(图八)

第二章　江苏省立国学图书馆时期馆刊

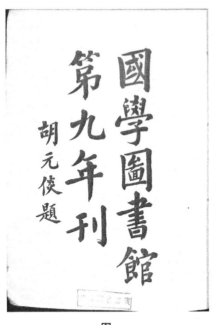

图一

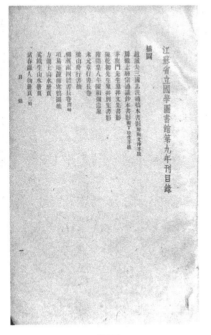

图三

图四

图五 图六

图七 图八

5. 茅鹿门先生象并文集书影(图九)

6. 陈干初先生象并别集书影(图十)

7. 隋开皇八年陈和弥造象(图十一)

8. 米元章行书长卷(图十二)

9. 梁山舟行书轴(图十三)

10. 柳翼南四体书长卷(图十四、图十五)

11. 项易庵疏柳寒鸦图轴(图十六)

12. 方兰士山水册页(图十七)

13. 奚铁生山水册页(图十七)

14. 诸春岩人物册页(图十八)

图九

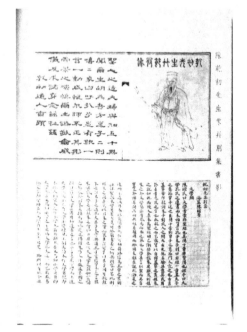

图十

图十一

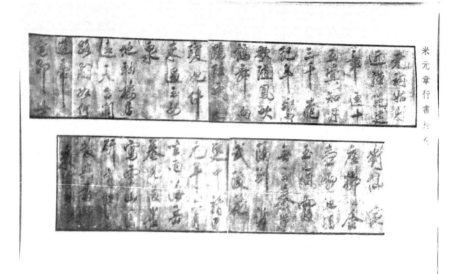

图十二

图十三

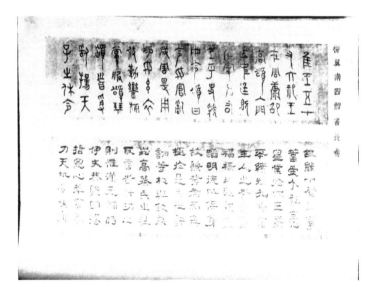

图十四

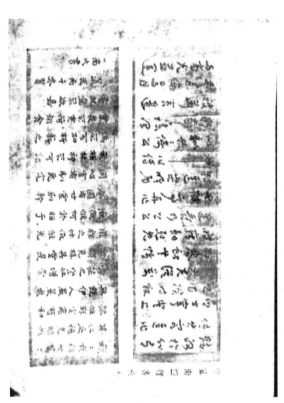

图十五

图十六

图十七

图十八

第二章　江苏省立国学图书馆时期馆刊

(二)《国学图书馆第九年刊》主要内容及解读

该年刊的装帧形式与第八年刊相同,类似于函套形式,开本 16 开,共 1022 页。扉页题有《国学图书馆第九年刊》(图一),反面刊登江苏省立国学图书馆图书总目发行启事。第一页为国学图书馆第九年刊目录,目录共 5 页,详见书影图二、图三、图四、图五、图六。

从目录上看,既有馆内同人撰写的学术专著、题跋等,又有馆内一年中业务、交往等方面的实录,以及"大事记""本年度案牍辑录"等等,所不同的是该年刊的栏目有所调整,保留了题跋、表格、案牍,修改了专著(撰着)、薄录纪事(簿录及记事),增加了遗书、概况和目录。

1. 该年刊除了文字外,还有大量的图片和表格,其中图片有《赵诚夫三国志注补稿本书影》(附陶文冲手跋)(图七)、《周继志历宗通议抄本书影》(附丁松生手跋)(图八)、《茅鹿门先生象并文集书影》(图九)、《陈干初先生象并别集书影》(图十)、《隋开皇八年陈和弥造象》(图十一)、《米元章行书长卷》(图十二)、《梁山舟行书轴》(图十三)、《柳翼南四体书长卷》(四帧)(图十四、图十五)、《项易庵疏柳寒鸦图轴》(图十六)、《方兰士山水册页》(图十七)、《奚铁生山水册页》(图十七)、《诸春岩人物册页》(二帧)(图十八)。

2. "撰着"栏目中首先登载了本馆柳诒徵馆长的《本馆图书总目序》(一至四页);其次是本馆王焕镰的《本馆图书总目叙例》(一至一〇页),在这份叙例中有文字叙述也有表格,如《苏民分任省县政教费均计表》(民国二十四年度)。继续刊登柳诒徵的《里乘卷之三》(一至一三〇页),还登载了陈兆鼎的《夏小正之检讨》(一至三〇页)、周壳的《娄东周氏艺文志略上》(一至六〇页)、陶容与于世雄合著的《历代名人生卒年表补》(一至一七八页)和《历代闺秀生卒年表补》(一七九至一八六页)。

3. 在新增加的"遗书"栏目中刊登了柳荣宗先生的《丹徒柳翼南先生遗稿》,详细叙述了遗稿的书名及内容,如《尚书解诂》等共一三〇页。"目录"栏目中记载了《陶风楼藏拓本影片目录》和《陶风楼藏清季江宁局署档案第二集目录》,详细记载了陶风楼所藏拓本影片所有目录以及页数和清季江宁局署档案第二集所有目录。

4. "题跋"栏目继续刊登《本馆新印书题跋辑录》,其中有虞抱经增校附诸家校补诗考跋、双花阁词抄跋等等。"表格"栏目刊登了《本馆历年藏书统计表》《民国二十四年度全馆工作报告表》等等。

5. 新增加的栏目"概况"刊登了《二十四年度各部概况》,如总务概况中有临时

| 137

费收支表、本年度节余收支统计和本年度专款收支表等；保管部概况中有本馆图书统计表、二十四年度藏书统计表、二十四年度善本书库修补装订书籍工作表和二十四年度普通书库修补装订书籍工作表等；阅览部概况中将阅览概况分为三项：一是设备方面、二是阅览方面、三是建筑计划方面；传抄部概况大概分为四类：一是种册页片统计、二是字数统计、三是传抄部函托他处代抄书统计、四是经费收支统计；印行部概况中有历年印行统计表以及寄售书籍简约等。

6. "簿录及记事"刊登了二十四年七月至二十五年六月善本书库入藏图书登记、访购部购置图书登记、保管部收到赠送图书登记、阅览部收到赠送公报杂志日报登记等。

7. "记事"栏目记载了从二十四年七月至二十五年六月本馆发生的大事件共260件，其中二十四年七月17件、八月25件、九月22件、十月21件、十一月21件、十二月15件，二十五年一月18件、二月27件、三月25件、四月25件、五月23件、六月21件。

8. "案牍"栏目登载了二十四年度案牍辑录共161件，其中来文65件发文96件。

9. 年刊最后一页刊登本年刊定价每册大洋二元邮费加一，版权所有翻印必究，编辑者：国学图书馆，印刷者：南京仁德印刷所，发行处：南京龙蟠里本馆，代售处：南京的商务印书馆、钟山书局、保文堂、聚文堂、萃苦山房、文海山房；苏州的来青阁；上海的蟫隐庐、中国书店、来青阁、中国通艺馆；杭州的浙江图书馆；北平的文奎堂、修绠堂、大同书店、开明书局、来熏阁；镇江的镇江图书馆、正中书局；南通的翰墨林。中华民国二十五年七月付印，中华民国二十五年十月初版。

十、《国学图书馆第十年刊》

（一）《国学图书馆第十年刊》书影

1.《国学图书馆第十年刊》扉页（图一）

2.《国学图书馆第十年刊》目录（图二、图三、图四、图五）

图一

第二章　江苏省立国学图书馆时期馆刊

图二

图三

图四

图五

3. 本馆全体同人摄影（图六）
4. 本馆建筑新书库平面图（图七）

(二)《国学图书馆第十年刊》主要内容及解读

该年刊的装帧形式与第八、第九年刊相同,类似于函套形式,开本16开,共920页。扉页题有《国学图书馆第十年刊》(图一),反面刊登江苏省立国学图书馆图书总目发行启事和江苏省立国学图书馆图书总目补编发行启事。第一页为国学图书馆第十年刊目录,目录共4页,详见书影(图二、图三、图四、图五)。从目录上看,既有馆内同人撰写的学术专著、题跋等,又有馆内一年中业务、交往等方面的实录,以及"大事记""本年度案牍辑录"等等,但与第九年刊的栏目相比有所调整,保留了题跋、表格、案牍、撰着、薄录纪事(簿录及记事)、概况和目录,增加了校勘、去掉了遗书。

1. 该年刊除了文字外,有图片和表格,其中图片有《本馆全体同人摄影》(图六)、《本馆建筑新书库平面图》(图七)。

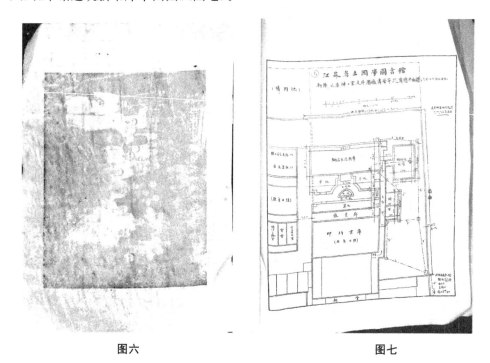

图六　　　　　　　　　　　　　　图七

2. "撰着"栏目中刊载续第八年刊的《江苏艺文志》(一至一九八页)、《里乘卷之四》(一至一三二页)以及《陈后山年谱》(一至五〇页)。

3. 在增加的"校勘"栏目中刊载了柳诒徵馆长的《周易正义校勘记》(一至二四页)。

4. "目录"栏目中继续登载本馆的《陶风楼藏清季江宁局署档案第三集目录》（一至二八三页）。"题跋"栏目中继续登载了本馆新印书题跋辑录。"表格"栏目中既有本馆历年藏书统计表，也有民国二十五年度全馆工作报告表。

5. "概况"栏目的内容与第九年刊相似，主要记载二十五年度各部概况。其中有总务、保管部、编辑部、阅览部、传抄部、访购部、印行部等等。各部概况中有文字说明也有表格说明，如总务概况中有本馆二十五年度经常费支出决算表、二十五年度建筑善本书库临时费存款本息表、二十五年度上半年专款收支表和二十五年度下半年专款收支、二十五年度本馆结余款增减表等；保管部概况中有二十五年度藏书统计表、二十五年度善本书库修补装订书籍工作表和二十五年度普通书库修补装订书籍工作表等；阅览部概况中有二十五年度善本室阅览书籍分类统计表和二十五年度普通室阅览书籍分类统计表等；传抄部概况中有二十五年度传抄种册页片数工作报告表、二十五年度传抄字数工作报告表、二十五年度托外传抄工作稽核表和二十五年度传抄经费收支一览表等；访购部概况中有二十五年度购置图书统计表等；印行部概况中有历年印行统计表等等。

6. "簿录纪事"栏目内容有二十五年七月至二十六年六月善本书库入藏登记、访购部购置图书登记、保管部收到赠送图书登记、阅览部收到赠送公报杂志日报登记、印行部收到交换图书登记等等；纪事 281 件。

7. "案牍"栏目内容是二十五年度案牍辑录共 199 件，其中来文 102 件、发文 97 件。

8. 年刊最后一页刊登本年刊定价每册大洋二元邮费加一，版权所有翻印必究，编辑者：国学图书馆，印刷者：南京仁德印刷所，发行者：南京龙蟠里本馆，代售处：南京的商务印书馆、钟山书局、保文堂、聚文堂、文海山房；上海的蟫隐庐、中国书店、来青阁、中国通艺馆；杭州的浙江图书馆；北平的文奎堂、修绠堂、大同书店、开明书局、来熏阁；镇江的镇江图书馆。中华民国二十六年七月付印，中华民国二十六年十月初版。

第二节 《江苏省立国学图书馆丛刊》

《江苏省立国学图书馆丛刊》以不定期分专辑形式出版。1948 年 1 月出版了

《江苏省立国学图书馆丛刊》第一辑。

第一辑名为《盋山牍存》。小 32 开本,6.5 万字。全书收录了从 1937 年 1 月至 1938 年 7 月、1945 年 8 月至 1947 年 12 月间馆长柳诒徵或以个人名义、或以国学图书馆的名义向兄弟单位、上级单位和读者等寄出的信函 135 封。在 135 封信函中,有抗日战争爆发以来与各方联系运寄馆书的公函,如 1937 年 8 月 16 日《致故宫博物院南京分院函》,1937 年 8 月 17 日《致北平图书馆袁馆长函》,1937 年 8 月 17 日《呈教育厅文》,1937 年 11 月 13 日《致金崇如函》等;有 1938 年将善本书迁避兴化后致上级机关的信函,如 1938 年 1 月 5 日《致财政厅陈秘书函》等;有抗战胜利后向各地询问馆书下落,与各方接洽收回馆书、馆舍、用具等信函,如 1945 年 11 月 25 日《致蒋特派员函》,12 月 12 日《致教育部清理战时文物损失委员会函》,1946 年 2 月 23 日《出席第三次清点会提案》等。

1948 年下半年,又出版了《江苏省立国学图书馆丛刊》第二辑,也是最后一辑。此辑为原国学图书馆参议、中央大学教授王瀣(伯沆)《冬饮庐遗诗》和近代著名学者朱铭盘《两晋宋齐梁陈会要目录》的合集。

一、《盋山牍存》

(一)《盋山牍存》书影

1.《盋山牍存》封面(图一)

2. 序(图二)

3. 正文第一页(图三)

(二)《盋山牍存》主要内容及解读

该刊的装帧形式与国学图书馆年刊都不相同,年刊的开本是 16 开而该刊的开本是 32 开,共 91 页。封面题有江苏省立国学图书馆丛刊第一辑《盋山牍存》(图一),另有印行时间"三十七年一月"。扉页刊登柳诒徵馆长的序(图二),第一页为江苏省立国学图书馆丛刊第一辑《盋山牍存》正文,按时间顺序记录各年度的案牍辑录。

1. 民国二十六年

图一

案牍辑录共 43 件,其中致(复)故宫博物院南京分院函 2 件、致北平图书馆袁馆长函 1 件、致李照亭函 1 件、呈教育厅文 8 件、致自来水管理处函 1 件、致王艺圃函 1 件、致教育厅诸君函 1 件、复陈吴二君函 1 件、致金崇如函 5 件、致湖南教育厅长朱经农函 1 件、致胡子请函 1 件、致赵寿人函 2 件、致北平图书馆长沙办事处函 1 件、致袁守和函 1 件、致胡彦久函 1 件、致镇江吴季衡函 4 件、致镇江民众组织委员会函 1 件、致三汊河船捐局函 1 件、致市政府财政局函 1 件、致教育厅陈秘书吴薛二科长函 1 件、致教育部总务司社教司函 1 件、致陈天鸥吴剑真薛翘东函 1 件、致兴化县食粮管理委员会函 1 件、致金县长函 1 件、致陈秘书主任快函 1 件、代电韩民厅长 1 件、致陈天鸥函 1 件。

图二　　　　　　　　　　　　　图三

2. 民国二十七年

案牍辑录共 10 件,其中致财政厅陈秘书函 1 件、致陈天鸥函 1 件、上教育厅辞职函 1 件、缴纳溢领公款呈 1 件、致张祖言函 2 件、致马叔平函 1 件、致金崇如函 1 件、董廷祥来函 1 件、汪霭庭来函 1 件。

3. 民国三十四年

案牍辑录共 13 件,其中致朱杭马蒋诸先生函 1 件、调查南京龙蟠里江苏省立国学图书馆报告 1 件、呈教育厅 2 件、呈江苏省政府 1 件、致蒋慰堂函 3 件、致蒋特派员函1件、致经济部翁部长函1件、致教育部清理战时文物损失委员会函2件、呈江苏省政府主席教育厅长1件。其中比较重要的是调查报告。

4. 民国三十五年

案牍辑录共55件,其中致杭次长函3件、致刘卢舟函3件、致冷容庵函2件、致陈厅长函1件、呈教育厅7件、呈教育部1件、呈江苏省政府教育厅2件、致卢彬士2件、致冷副参谋长函2件、致童润之函1件、致陈彦通函1件、致文官处沈秘书函1件、致张衣言函1件、致赵光涛函1件、致经济部中央地质调查所周柱臣函1件、致教育厅长函1件、致陈厅长函1件、致教育部清理战时文物损失委员会1件、复蒋吟秋函1件、出席第三次清点会提案1件、致省立教育学院童院长函1件、致陈壳丞函2件、致清点文物委员会函1件、致徐森玉函1件、致彭科长函3件、致朱徐朱杭蒋诸公函1件、致省主席王函2件、致翁副院长函1件、致叶遐庵函1件、致马叔平函1件、致曹溆逸函2件、致教育部代电1件、致赵吉士函1件、呈省政府1件、致陈其可函1件、致容鼎昌函1件。

5. 民国三十六年

案牍辑录共24件,其中致南京市教育局函1件、致戴院长函1件、致朱绍滨函1件、致马局长函1件、呈教育部函1件、致(复)徐森玉函4件、徐森玉复函1件、致张敬礼函1件、致张衣言函1件、致魏克三函1件、魏克三复函1件、致刘季洪函1件、复李白华函1件、李白华来函1件、复李晋芳函1件、致李拔可函1件、李拔可来函1件、复(致)刘百川函2件、呈教育厅函2件。

该刊封底没有编印者、发行处、代售处和印刷时间。

二、《冬饮庐遗诗·两晋宋齐梁陈会要目录》

(一)《冬饮庐遗诗·两晋宋齐梁陈会要目录》书影

1.《冬饮庐遗诗·两晋宋齐梁陈会要目录》封面(图一)

2. 题有《冬饮庐遗诗》(图二)

3.《冬饮庐遗诗》序(图三)

4. 题有《两晋宋齐梁陈会要目录》(图四)

5.《两晋宋齐梁陈会要目录》序(图五、图六、图七、图八)

第二章 江苏省立国学图书馆时期馆刊

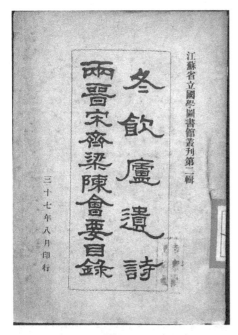

图一

图二

图三

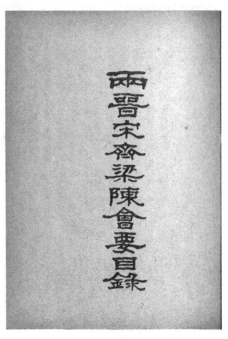

图四

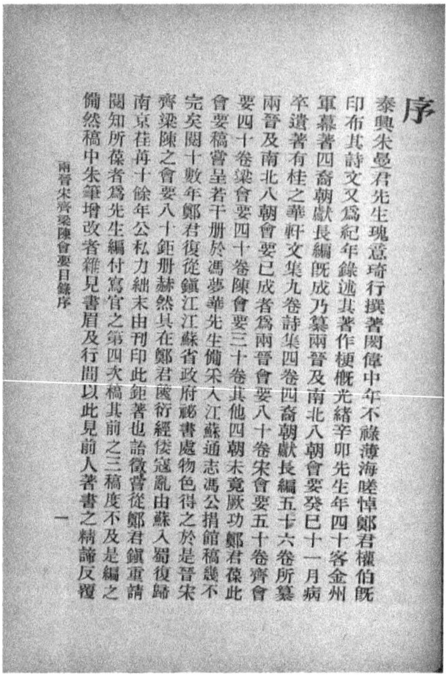

序

泰興朱曼君先生瑰意琦行撰著閎偉中年不祿薄海嗟悼鄭君權伯既印布其詩文又爲紀年錄述其著作梗概光緒辛卯先生年四十客金州軍幕著四裔朝獻長編既成乃纂兩晉及南北八朝會要癸巳十一月病卒遺著有桂之華軒文集九卷詩集四卷四裔朝獻長編五十六卷所纂兩晉及南北八朝會要已成者爲兩晉會要八十卷宋會要五十卷齊會要四十卷梁會要四十卷陳會要三十卷其他四朝未竟厥功鄭君葆此會要稿嘗呈若干冊於馮夢華先生備采入江蘇通志馮公捐館稿幾不完矣閱十數年鄭君復從鎮江江蘇省政府祕書處物色得之於是晉宋齊梁陳之會要八十鉅冊赫然具在鄭君廞衍經倭寇亂由蘇入蜀復歸南京荏苒十餘年公私力絀末由刊印此鉅著也詒徵嘗從鄭君鄭重請閱知所葆者爲先生編付寫官之第四次稿其前之三稿度不及是編之備然稿中朱筆增改者雜見書眉及行間以此見前人著書之精諦反覆

兩晉宋齊梁陳會要目錄序　一

图五

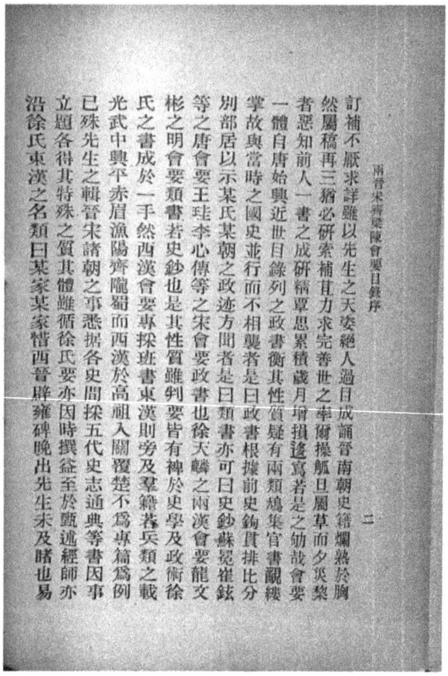

兩晉宋齊梁陳會要目錄序　二

訂補不厭求詳雖以先生之天姿絕人過目成誦晉南朝史籍爛熟於胸然屬稿再三猶必研索補苴力求完善世之率爾操觚旦屬草而夕災棃者惡知前人一書之成研精覃思累積歲月增損逐寫若是之劬哉會要一體自唐始興近世目錄列之政書衡其性質疑有兩類鳩集官書覼縷掌故與當時之國史並行而不相襲者是曰政書根據前史鉤貫排比分別部居以示某氏某朝之政迹方聞者是曰類書亦可曰史鈔蘇冕崔鉉等之唐會要王珪李心傳等之宋會要政書也徐天麟之兩漢會要龍文彬之明會要類書若史鈔也是其性質雖判要皆有裨於史學及政術徐氏之書成於一手然西漢會要專採班書東漢則旁及羣籍若兵類之載光武中興平赤眉漁陽齊隴蜀而西漢於高祖入關覆楚不爲專篇爲例已殊先生之輯晉宋諸朝之事悉据各史間採五代史志通典等書因事立題各得其特殊之質其體雖循徐氏要亦因時撰益至於甄述經師亦沿徐氏東漢之名類曰某家某家惜西晉辟雍碑晚出先生未及睹也易

图六

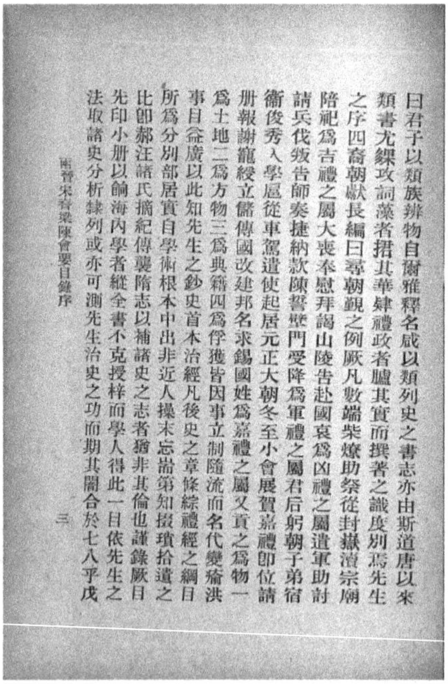

曰君子以類族辨物自爾雅釋名咸以類列史之書志亦由斯道唐以來類書尤夥攻詞藻者摺其華肄禮政者臚其實而撰著之識度別焉先生之序四裔朝獻長編曰尋朝覲之例厥凡數端柴燎助祭從封嶽瀆宗廟陪祀爲吉禮之屬大喪奉慰拜謁山陵告赴國哀爲凶禮之屬遣軍助討請兵伐叛告師奏捷納款陳嚮壁門受降爲軍禮之屬君后躬朝子弟宿衛俊秀入學扈從車駕遣使起居元正大朝冬至小會展賀嘉禮卽位請冊報謝寵綬立儲傳國改建邦名求錫國姓爲嘉禮之屬又貢之爲物一爲土地二爲方物三爲典籍四爲俘獲皆因事立制隨流而名代變瘉洪事自益廣以此知先生之鈔史首本治經凡後史之章條綜禮經之綱目所爲分別部居實自學術根本中出非近人操末忘耑第知掇瑣拾遺之比卽郝汪諸氏摘紀傳襲隋志以補諸史之志者猶非其倫也謹錄厥目先印小冊以餉海內學者縱全書不克授梓而學人得此一目依先生之法取諸史分析隸列或亦可測先生治史之功而期其闇合於七八乎戊

兩晉宋齊梁陳會要目錄序　三

图七

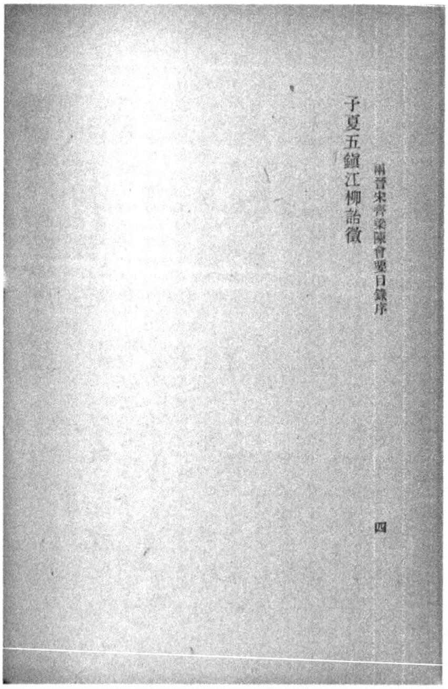

兩晉宋齊梁陳會要目錄序　四

子夏五鎮江柳詒徵

图八

第二章　江苏省立国学图书馆时期馆刊

(二)《冬饮庐遗诗·两晋宋齐梁陈会要目录》主要内容及解读

该刊的装帧形式与《盋山牍存》的一样,该刊的开本是 32 开,共 60 页。封面题有江苏省立国学图书馆丛刊第二辑《冬饮庐遗诗·两晋宋齐梁陈会要目录》(图一),另有印行时间"三十七年八月"。下面将分别介绍《冬饮庐遗诗》和《两晋宋齐梁陈会要目录》的主要内容。

1.《冬饮庐遗诗》的主要内容及解读

扉页题有"冬饮庐遗诗"5 个字并有南京图书馆藏钤印,次页刊登柳诒徵馆长的序(图二),正文为《冬饮庐遗诗》约 120 首(一至五四页)。作者王瀣(1871—1944),字伯沆,一字伯谦,晚年自号冬饮,又别署檗生、无想居士。世籍溧水,明末迁上元(今南京市)。生而颖异,读书过目成诵。博通经史,擅长诗文、书法,旁及金石篆刻,于学无不精究。中年以后专力宋明理学,参以佛学,身体力行,意在传道授业,挽救世风。清末,其诗文为散原老人陈三立所推服,延聘为家庭教师,陈寅恪弟兄都执经受业,为他们以后的学术成就奠定了坚实的基础。辛亥革命后,任职于江南图书馆善本部。1916 年,南京高等师范学校校长江谦三次登门邀请其出主该校讲席,深受学生钦仰,被尊为"人师"。此后长期担任该校及东南大学、第四中山大学、中央大学教授,桃李满门,影响深远。抗战开始,学校内迁,先生因病不能随行。日伪多方威逼利诱,欲先生出任伪中央大学"挂名"教授,先生以死抗争,杜门不出,坚持了崇高的民族气节。胜利前一年,终贫病以卒,享年 74 岁。

先生重视言传身教,不欲以文章著述行世。曾撰有《四书私记》《经略台湾事纂》《王氏族谱》《清前四家词选》《后四家词选》《双烟室诗词文集》诸书,生前都不肯付梓行世。生平诗文大都随作随弃。晚年若干诗稿,病中嘱其女付之一炬,王绵从中抽出一些保存下来,1948 年,连同若干藏书题识、书信编成《王冬饮先生遗稿》,收入同年 9 月出版的《南京文献》第 21 辑。柳诒徵所编《江苏省立国学图书馆丛刊》第 2 辑亦辑印《冬饮庐遗诗》。一代宗师的著作,今所知者,仅此吉光片羽而已。

2.《两晋宋齐梁陈会要目录》的主要内容及解读

在《冬饮庐遗诗》结束后专门一页题有"两晋宋齐梁陈会要目录"10 个字,次页刊登柳诒徵馆长的序(图五、图六、图七、图八),正文为泰兴朱铭盘著《两晋宋齐梁陈会要目录》。朱铭盘(1852—1893),字俶侗,原字日新,号曼君,泰兴县城人。同治十三年(1874 年)被两淮盐运使方子箴聘为记室,办理文牍三年。清光绪八年(1882 年)优贡,同年中举,光绪十一年(1885 年),铭盘应江苏督学黄体芳之聘,对

《江左校士录》襄助定稿,并作《南箐书院记》。光绪十四年(1888年),复至金州做张光前军幕,公务余暇专心著作,撰写《四裔朝献长编》56卷,详细记录西汉至明代二十五朝少数民族朝贡中央政府的故事。光绪十七年(1891年)撰《两晋会要》80卷,《宋会要》50卷,《齐会要》40卷,《梁会要》40卷,《陈会要》30卷(上述会要原稿计240卷,已由其外甥郑肇经献入北京图书馆)。铭盘从戎8年,生活异常艰苦,终积劳成疾,于光绪十九年(1893年)病死在旅顺军营中。

正文从晋会要目录开始,计晋会要目录共八十卷(五至二〇页)、宋会要目录共五十卷(二一至三二页)、齐会要目录共四十卷(三三至四二页)、梁会要目录共四十卷(四三至五二页)、陈会要目录共三十卷(五三至六〇页)。

年刊最后一页刊登本年刊每部一册定价金圆券,版权所有翻印必究,著者:溧水王瀣　泰兴朱铭盘,编印者:江苏省立国学图书馆(南京龙蟠里本馆),发行处:本馆印行部,代售处:各省市各大书局。中华民国三十七年八月初印。

第三章　国立中央图书馆时期馆刊

为扩大影响，提升图书馆知名度，又因经费紧张难以独立出刊，故中央图书馆从1935年2月16日在国民党《中央日报》附属刊物《中央时事周报》（创刊于1932年）第四卷五期开辟《学觚》专栏。每周六出刊，由中央图书馆主办，蒋复璁任主编。

1936年2月，为适应图书馆学研究深入发展的需要，中央图书馆开始独立出版《学觚》杂志。该杂志于1936年1月由中央图书馆筹备处编辑出版，由蔡元培题写刊名，每月出版1期，共出版了1卷1～12期，2卷1～6期，1937年上半年抗日战争爆发后停刊。

抗日战争期间，中央图书馆于1941年12月在重庆继续编印出版刊物，改名为《图书月刊》，每年一卷，出版至第三卷第六期。

抗战胜利后，中央图书馆又于1947年3月出版了《国立中央图书馆馆刊》（鲁刊一号）。

此外，中央图书馆在抗战后还同时编印出版了英文版馆刊《书林季刊》。1946年6月创刊，1947年3月停刊，共出版4期。

第一节　《中央时事周报》"学觚"专栏

《中央时事周报》的"学觚"专栏，始于1935年2月，一年后改为独立的期刊。

一、《中央时事周报》及"学觚"专栏书影

1. 《中央时事周报》第四卷装帧形式（图一）
2. 《中央时事周报》第四卷五期目录（图二）

图一

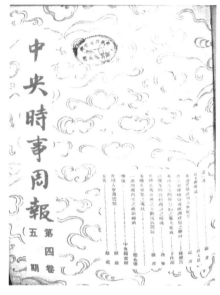

图二

3. "学瓠"页面一及弁言（图三）
4. 《中央时事周报》第四卷六期目录（图四）

图三

图四

第三章　国立中央图书馆时期馆刊

5. "学瓠"页面二(图五)
6. 《中央时事周报》第四卷七期目录(图六)

图五　　　　　　　　　图六

7. "学瓠"页面三(图七)
8. 《中央时事周报》第四卷八期目录(图八)

图七　　　　　　　　　图八

9.《中央时事周报》第四卷九期目录(图九)
10.《中央时事周报》第四卷十期目录(图十)

图九

图十

11.《中央时事周报》第四卷十一期目录(图十一)
12.《中央时事周报》第五卷第一期目录(图十二)

图十一

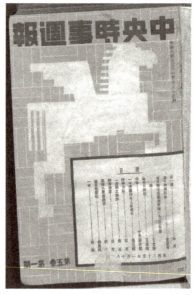
图十二

13.《中央时事周报》第五卷第二期目录(图十三)
14.《中央时事周报》第五卷第五期目录(图十四)

图十三　　　　　　　　　　　图十四

二、"学瓠"专栏主要内容及解读

为扩大影响,提升图书馆知名度,又因经费少难以独立出刊,故中央图书馆于1935年2月16日在国民党《中央日报》附属刊物《中央时事周报》第四卷五期起开辟"学瓠"(比喻学识像瓠子一样逐渐长大)专栏。《中央时事周报》创刊于1932年11月5日,主编由中央日报主笔刘光炎兼任。"学瓠"每周六出刊,由中央图书馆主办,蒋复璁任主编。刊头图案为一勇士站在古罗马战车上,左手指向前方,右手托一书本,疾驶前进。在"学瓠"专栏首期的"弁言"中写道:"本栏以促进文化事业,介绍图书与学术界消息供各界之研讨为目的,因名学瓠"。本栏分评论、事载、书讯、谈余四类。评论,"凡中西书籍,足资检讨评述者,择要撰论,以资研究"。事载,"凡学术界及图书馆有关文化事业之消息,均尽量登载"。书讯,"新书籍以及杂志周刊等出版消息,随时择要介绍"。谈余,"凡有裨文化之谈片、拾零、商讨事项,酌为编载"。由此可知,办此专栏在于促进文化事业,介绍图书与学术界消息,供各界研讨。内容包括图书馆学术理论介绍与讨论、学术界消息、古籍善本研究和新书目录等,与当时图书馆界"学术理论与实习并重""注重编目录与制索引""注重保存古籍文献"等理念相适应,并表示"本栏同仁、自维学识浅陋,凡所评述难免差漏,深愿还纳贤达,不吝赐教,以匡不逮,实所企幸"。

到1936年2月15日《中央时事周报》第五卷第五期"学瓠"专栏,"因主编人中央图书馆主任蒋复璁先生以公冗不克,继续主持"结束为止,共50期。

在这50期中,共有如下内容:

评论,共发表37篇(部分文章连载刊登),内容有文献学、图书馆法、图书馆建筑、图书馆管理、图书馆事业发展、儿童读物指导、各国图书及图书馆事业介绍等。文献学研究,以任职于中央图书馆善本室兼中央古物保管委员会委员,原在南京夫子庙旧书铺工作,长于目录校雠之学,辨别版本、考镜渊流如数家珍,"对于书林的掌故非常熟悉,对于历代藏书家的收藏印章,多能鉴别真伪,也是版本鉴定的高手"的叶仲经发文最多,先后有《拟重订章学诚史籍考类目》《丛书集成评议》《降雪楼书目辨伪》《沈权斋著述考》《中国目录分类学史论》(连载3期)等文发表。敦煌学是研究甘肃敦煌莫高窟佛像艺术及敦煌经卷的学问,有《德化李氏敦煌写本目录》(未署名作者姓名,连载2期)。德化李氏即李盛铎(1858—1937),江西德化(现九江)人,清末曾任山西巡抚,并出使日本、比利时,自甘肃解送敦煌经卷到北京京师学部时监守自盗,与亲戚何彦升,友人方尔谦、刘廷琛等人盗取敦煌经卷数百卷,李盛铎本人盗取最多,盗取的经卷品质亦佳。晚年因官司缠身,亲属将所藏分别出售,如将所藏敦煌写本(多为精品)以8万日元出售给日本京都古书店佐佐木,又将《道德经注》等4种写本售给日本学者羽田亨等。"学瓠"刊出此写本目录,既保存了这些国宝的记录,以免因后世湮没无闻而损失,又提醒社会公众保护国宝:国宝流落在外,为国家之耻,不要步李盛铎的后尘,使国宝流失。各国图书及图书馆事业介绍文章(主要是译文)13篇,分19次发表,分别为蒋复璁、钟静夫、徐觉、陈汲、林斯德、蔡可成等人所译,介绍了苏联、德国、波兰、美国、法国、英国、日本、西班牙等国图书馆事业的发展,其中以蒋复璁译的《五十年来的德国图书馆事业》最有影响。图书法包括刘杰材撰《出版法之检讨及其修正之商榷》《著作权之保护及其限制》等。此前图书馆学研究大多为单纯的馆藏与图书馆具体工作研究,而"评论"汇聚了一批学者,成为研究文献学、目录学、图书馆学理论、国外图书馆事业的园地,标志着中国近现代图书馆学研究的深化。

事载,内容为记录国内外图书馆界及图书馆学研究方面的大事,如会议报导、

第三章　国立中央图书馆时期馆刊

学者动态、书展信息、图书馆成立信息、统计数据等，共 577 则（国内 192 则、国际 385 则）。其中载有当时新近发现的 1863 年太平天国翼王石达开《与川总督书》、《与王千户书》《与唐都督书》等 3 封信稿。

书讯，刊出当时主要图书信息，如"四库全书珍本初集"（中央图书馆筹备处与商务印书馆合作，从文渊阁本《四库全书》中选取其中的孤本等罕传书 23 种 1960 册，编为《四库全书珍本初集》影印出版，共印 1000 部，分得其中的 100 部用于与国外交换书刊），"影印宋藏遗珍"等，并附近期呈缴书目（国民政府修订《出版法》，规定出版发行者必须呈缴出版物 1 份给中央图书馆），采购图书、期刊目录（书名、著者、价格、装订册数、出版者等）。读者通过此目录可了解中央图书馆当时的馆藏和接受呈缴书的情况，所载书刊价格亦可作为研究民国时期经济史的主要参考。

谈余，共刊出 7 次，作者分别署名刚父、纯父，其中刚父著《古籍善本缃素烟云录书志》（江苏常熟丁祖荫所藏古籍，其中多宋、元刊本）就刊出 4 次，内容言及善本古籍、古籍采访、版本学等。纯父在《采访图书馆琐言》一文中谈及"在十年前，普通本平均每册不及两角，即明版亦仅五角，迨至今日其价格逾几倍，书价日昂，书贾之弊日甚，采访图书者，稍一不慎即受其愚"，揭露了当时普通图书作伪方法有三：一是残缺有限能以之抄补者，抄配完整，装订完善，即所谓补抄本；二是残缺甚多，无可补抄者，设法弥缝之；三是大部（头）书籍缺有数种、数篇者，在书目中加印原缺或未刻字样，对价值较高的书，更仿名人图记、伪造题跋、过抄眉批、伪造目录等方式愚弄读者，还有用翻刻书冒充原本、新书熏色做旧、冷僻之书更易书名等，抨击了当时书籍作伪的风尚。今天古籍采购时仍可作为借鉴。谈余，还介绍了江苏省立国学图书馆印行书籍提要（未署作者）。

1936 年 2 月，随着"学瓠"专栏停办（《中央时事周报》继续刊行新书简讯，第五卷第二十期开始刊登"西书新讯"），为适应图书馆学研究深入发展的需要，中央图书馆开始独立出版《学瓠》杂志，每月出版 1 期。

"学瓠"栏目存在时间虽短，但在宣传图书馆文献、扩大图书馆影响方面还是具有积极作用。

第二节 《学觚》

一、《学觚》书影

1. 《学觚》封面（图一）

图一

图二

2. 《学觚》发刊词（图二）
3. 永乐大典之片段（图三）

二、《学觚》主要内容及解读

《学觚》于1936年1月由中央图书馆筹备处编辑出版，由蔡元培题写刊名，共出版第1卷1～12期，第2卷1～4期。其"发刊词"称："同人等深愧力薄，极鲜贡献，用是本服务社会之职责，除各人应负之任务外，曾以余暇于去年二月起主编《学觚》一栏，按期刊登《中央时事周报》，以促进文化事业，介

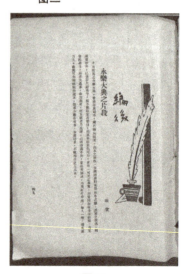

图三

第三章 国立中央图书馆时期馆刊

绍图书与学术界消息,供各界之研讨为目的,倏已周岁,兹为便利阅者起见,除新书简讯仍继续供给《中央时事周报》刊登外,特由本馆单独刊行《学觚》。"简要说明了创办的经过。

该刊设有"译着""图书馆界""馆藏呈缴书目录""馆藏官书目录""馆藏期刊目录""馆藏金石拓片目录""馆规""编后"及"新书介绍"等专栏。

"译着"专栏发表关心图书馆事业的学者编译的国外图书馆论著。第一卷第一期发表由陈厂士编译的《图书馆之国际关系》;第一卷第二期发表吕绍虞编译的《美国大学图书馆藏书内容的研究》;第一卷第三期发表喻友信编译的《图书馆规定处罚之研究》;第一卷第四期发表余敬禹编译的《显露式期刊目片之制法与装置》;第一卷第五期发表听风编译的《地图之编目与排列》;第一卷第六期发表森编译的《缩摄书籍之检讨》;第一卷第七期发表喻友信编译的《美国法学图书馆及其馆员之现状》;第一卷第八期发表毛宗阴编译的《图书馆事业合理化之刍见》;第一卷第九期余敬禹编译的《克特桑本着者号码表解论》;第一卷第十期发表岳良木编译的《美国图书馆最近的动向》;第一卷第十一期喻友信编译的《图书馆学序说》;第一卷第十二期发表森编译的《图书馆期刊阅览室之容量及方位》;第二卷第一期发表金敏甫编译的《铁道学主题标题表》;第二卷第二期发表玉成编译的《书籍之霉斑及其防止方法小识》;第二卷第三期发表蒋复璁编译的《教育部第二次全国美术展览会的图书》;第二卷第四期发表森编译的《徕卡摄影机缩摄书籍及手抄本方法》等等。

"图书馆界"发表国内外图书馆界的动态消息。第一卷第一期国内消息有上海工部局图书馆近况等2则,国外消息有利物浦公共图书馆书籍展览、英手抄本西乃圣经装就等4则;第一卷第二期国内消息有最近全国图书馆调查统计、浙江图书馆善本展览、苏省镇江图书馆主办文物展览会等3则,国外消息有英国中央图书馆增拨经费、英国达灵顿公共图书馆近状等4则;第一卷第三期国内消息有北平佛教图书馆开放、苏州图书馆举行梅展、编印全国图书馆藏书联合目录、北平崇慈小学校设儿童图书馆等7则,国外消息有美丹宁逊大学受赠、加尔加塔图书馆百年纪念、日本赠书与德国鲍恩大学等5则;第一卷第四期国内消息有国立北平图书馆设苏俄研究室及汉蒙藏文书库、中国科学社获大批科学图书、天津儿童图书馆三处同时成立等5则,国外消息有日拟在平或沪设日本图书馆、美纽约筹设中国图书馆、美纽约公共图书馆收藏现代稿本、夏威夷大学图书馆增加中文书籍等4则;第一卷第五期国内消息有上海工部局图书馆报告、金大举行图书版本展览会、傅增湘影印宋

南京图书馆馆刊沿革与解读

本周易正义、中华图书馆协会第三届年会、浙江筹备文献展览会等9则,国外消息有中国国际图书馆设立中国国际印字局、英国图书馆协会年会、美将修改编目条例等7则;第一卷第六期国内消息有四川大学筹建图书馆、上海市图书馆成立、蒋复璁演讲《图书馆与戏剧》、中华图书馆协会与中国博物馆协会联合年会日程等8则,国外消息有柏林国立图书馆开国民诗歌展览会等14则;第一卷第七期国内消息有全国图书馆分类统计、国立中央图书馆编印藏书目录片等7则,国外消息有日本图书目录法案、美支大举行图书馆员训练班等6则;第一卷第八期国内消息有北平图书馆主办科学仪器展览等2则,国外消息有英国牛津图书馆设计完成、苏格兰国立图书馆筹备新馆等24则;第一卷第九期国内消息有上海市图书馆更改开放时间等11则,国外消息有剑桥大学图书馆迁入新馆等6则;第一卷第十期国内消息有总理陵园藏经楼建筑完成、湘省图书馆普遍设立、汉口市图书馆开始筹备、内政部图书室失火等6则,国外消息有美国会图书馆办理国内互借等7则;第一卷第十一期国内消息有蚌端口设图书馆、周策勋发明永记八法检字法等8则,国外消息有苏联列宁格勒公共图书馆增加书籍、美维金尼亚大学建筑新图书馆等8则;第一卷第十二期国内消息有青海互助县组织民教图书馆、上海市图书馆近况、京市各图书馆概况等10则,国外消息有英举办卡尼基文学奖章、美三省图书馆联合会议、法国提倡公共阅览等9则;第二卷第一期国内消息有中央研究院及北平图书馆发掘汉太学遗址等11则,国外消息有苏联文化建设猛造等8则;第二卷第二期国内消息有清华大学图书馆搜集厂甸名贵书籍、国立北平图书馆请名人讲演、国际图书馆将在平设分管等9则,国外消息有比国建筑国立图书馆等5则;第二卷第三期国内消息有浙江图书馆增藏版片、上海图书馆协会举行第九届年会、天津市立图书馆拟辟露天部、李盛铎家藏永乐大典出售、国立北平图书馆将影印敦煌遗书、津市筹设第二图书馆等12则,国外消息有德古书两千册赠予伦敦大学、普式庚藏书四千册公开等4则;第二卷第四期国内消息有上海大学同学发起建立右任图书馆、西京图书馆受赠珍本书籍、设立四川省立图书馆之感言等8则,国外消息有苏联图书馆近况等6则。

"馆藏呈缴书目录"发表馆藏所呈缴的书籍目录,该目录分(甲)中文之部和(乙)西文之部。第一卷第一期至第七期中文之部又分总类、哲学类、宗教类、自然科学类、应用科学类、社会科学类、历史地理类、语言文字学类、文学类、艺术类等。而总类再分为目录(共收录4部4册)、校雠学(1部1册)、杂论(2部2册)、国学(1

部1册)、书评(2部2册)、辞典(2部2册)、新闻学(1部1册)、经学(10部17册)、读书指导(2部2册)、丛书(98部98册)、年鉴(1部1册)、图书馆学(8部8册)、类书(4部4册)。

哲学类再分为思想史(2部5册)、心理学(12部12册)、伦理学(34部34册)、中国哲学(13部13册)、东方哲学(1部1册)、西洋哲学(7部7册)。

宗教类再分为佛教(15部25册)、犹太教(1部1册)、天主教(8部8册)、术数(3部5册)。

自然科学类再分为丛书(37部48册)、数学(39部44册)、天文学(7部11册)、地学(6部6册)、物理学(23部25册)、化学(16部17册)、人类学(4部4册)、矿物学(1部1册)、生物学(13部13册)、植物学(6部8册)、动物学(8部8册)、生物学(1部1册)。

应用科学类再分为卫生(25部32册)、医药(83部96册)、商业(18部18册)、农业(38部40册)、工艺(3部3册)、家事(6部6册)、工业(4部4册)、化学工艺(13部13册)、工程(24部25册)、会计(6部6册)、制造(8部8册)。

社会科学类再分为教育学(173部178册)、统计学(1部1册)、社会学(34部45册)、民俗学(1部1册)、经济学(78部83册)、国际政治(7部7册)、财政学(37部38册)、政治学(67部67册)、法律学(50部60册)、军事学(19部20册)。

历史地理类再分为历史(101部139册)、地理(63部66册)、传记(2部2册)。

语言文字学类再分为文字(2部2册)、世界语(1部1册)、英语(3部3册)、日语(4部4册)、国语(13部23册)。

文学类再分为诗词(47部58册)、全集(6部6册)、诗文译(8部8册)、戏剧(34部36册)、文学论(11部12册)、函牍及杂着(35部36册)、小说(173部180册)、丛刊(3部3册)、总集(29部30册)、别集(21部34册)、修辞学(2部2册)、杂着及小品文(18部21册)、文史(2部2册)。

艺术类再分为音乐(33部34册)、建筑(2部2册)、雕刻(5部5册)、书画(37部42册)、游艺(7部7册)、画学(1部1册)、漫画(5部5册)、电影(2部2册)、舞蹈(1部1册)、摄影(2部2册)、劳作(2部2册)、国术(2部2册)、儿童读物(63部175册)。

第一卷第八期至第二卷第四期中文之部分为总类(共收录39部)、经学(7部)、哲学(88部)、心理(41部)、教育(186部)、宗教(93部)、历史(59部)、考古(5

部)、传记(98 部)、地理(70 部)、社会(63 部)、民俗(2 部)、政治(92 部)、民族(2部)、法律(67 部)、经济(111 部)、统计(4 部)、财政(48 部)、交通(16 部)、商业(22部)、语言(98 部)、文学(573 部)、音乐(3 部)、美术(47 部)、自然科学(16 部)、数学(25 部)、天文(22 部)、物理(17 部)、化学(24 部)、地质(9 部)、生物(69 部)、人类(23 部)、医药(87 部)、农业(40 部)、工业(71 部)、家政(9 部)、军事(32 部)、游技(27 部)、社会科学(3 部)、目录(10 部)。

"馆藏官书目录"第一卷第一期至第三期分为(甲)中央之部(共 404 部)、(乙)地方之部(171 部)、(丙)学术机关(290 部);第一卷第四期至第二卷第四期分为(甲)中国国民党、(乙)国民政府、(丙)学术机关。而中国国民党又分为(一)中央之部(共 58 部)、(二)地方之部(69 部),国民政府也分为(一)中央之部(591 部)、(二)地方之部(1240 部),学术机关没有再分类,共刊登 236 部目录。

"馆藏期刊目录"发表的内容分为(甲)杂志、(乙)新闻纸。杂志类中又分为总类(共发表 148 种)、社会科学类(271 种)、应用科学类(85 种)、文学艺术类(163种)、自然科学类(21 种)、历史地理类(33 种)、哲学宗教类(36 种);新闻纸共发表 251 种。

"馆藏金石拓片目录"发表内容分为(乙)金文和(丁)石文,金文又分为(1)礼乐器(共发表 96 幅)、(2)酒器(11 幅)、(3)用器(21 幅)、(4)武器(1 幅)、(5)梵器(67幅)、(6)权量器(1 幅);石文又分为(1)述德(100 幅)、(2)铭功(97 幅)、(3)纪事(81幅)、(4)载言(104 幅)、(5)石经(404 幅)、(6)画象(80 幅)、(7)题名(118 幅)、(8)摩崖(14 幅)、(9)杂题(16 幅)、(10)杂刻(31 幅)、(11)祠庙(98 幅)、(12)冢墓(197幅)、(13)阙道(33 幅)、(14)表碣(21 幅)、(15)墓志(73 幅)、(16)版专(3 幅)、(17)释氏(246 幅)。

"馆规"发表了当时部分有关书籍装订、编目等规则和条例。如第一卷第三期发表《国立中央图书馆书籍装订暂行规则》,第四期发表《国立中央图书馆暂行期刊编目条例》,第五期发表《国立中央图书馆暂行中文图书编目规则》,第六期发表《国立中央图书馆暂行中文图书编目规则》(续),第七期发表《国立中央图书馆筹备处阅览室规则》等。

"编后"相当于备注,也就是补充说明有关事件或事项。如第一卷第三期发表《永乐大典之片段》,第七期发表《德化李氏出售敦煌写本目录》,第八期发表《美国图书馆员法定薪俸一瞥》,第十一期发表《出版法》(共七章五十四条),第二卷第三期发表《国立中央图书馆建筑委员会组织规则》(共九条)等。

"新书介绍"发表了国内国外出版发行或即将出版发行的部分有价值的书籍。如第一卷第七期发表日本山口县中央图书馆印行的《小图书馆的再认识上的活动》等2种,第八期发表德意志民众图书馆协会出版的《德意志民众图书馆全书》(第五辑)、上海商务印书馆出版的《小学图书馆概论》等共8种,第九期发表南京中正书局出版的《图书馆学通论》等7种,第十期发表广州岭南大学图书馆发行的《中文参考书指南》等4种,第十一期发表日本天晶寿编及印行的《难读人名便览》等2种,第十二期发表上海三林塘书人社出版的《书人》(月刊)、上海艺文印刷局出版的《艺文印刷》(月刊)等2种,第二卷第一期发表上海市博物馆出版的《博物馆学通论》、国立北平大学法商学院出版的《俄文著者排列法》等2种,第二期发表上海文联出版社发行的《书报杂志阅读的方法》等4种,第三期发表国立北平图书馆编印的《铁路工程论文索引》等3种,第四期发表广州大学图书馆印行的《海南岛参考书目》1种。

第三节 《图书月刊》

抗日战争期间,中央图书馆于1941年12月在重庆继续编印出版刊物,改名为《图书月刊》,每年一卷,第一卷共八期,第二卷共八期,出版至第三卷第六期。

一、《图书月刊》书影

1.《图书月刊》封面(图一)
2.《图书月刊》第一卷第一期目录(图二)
3.《图书月刊》发刊词(图三、图四)

图一 图二

图三 图四

二、《图书月刊》主要内容及解读

《图书月刊》的版面与《学觚》有所不同。其采集全国学术人士的文章，对眼前一切中西思想的渊源加以探讨，或辩明其真态，或确定其价值，要之归于对这中心思想作学术上的广义的疏证与阐发，使青年得到明确的正解，由是知所依归，由是坚定信仰，由是萃全神于建国。其次，使已收集全国出版的一切新书，尽力加以介绍，简单表白出内容，使读者容易明了，这些书对于增长兴趣，成为有门径的读书，当然以此也可为一般选购图书的参考。关于西洋出版的新书，"原也应加介绍，然目前新书异常难得。如不见原书，仅以外国书籍杂志所载，翻译充数，则不但陡增想望，无裨实用，且译者既未知其端倪，去取那能得当？"在事实上能看西洋书，即能看西方书籍杂志。要找西文材料，自然会去寻找西文书籍杂志，所以这里介绍，只以中文书籍为限。"我们不是为读书而读书，却是为人类而读书""抗战持久到于今，国人不但能振奋注意到眼前瞬息推迁的事业，而且精神建设有长远的雄图，我们自信将来必定产生良好的结果"，这世纪初的尤其是这一次的欧战，各国皆未尝停顿文化事业的发展，依然著述，依然出版，依然流通，在有些部门中甚至比平时更盛。虽然质上也有阻滞的痕迹，譬如印刷的纸张便不免较平时稍差，这并不妨碍纸张上所印刷的文字内容的进步。所以我们也只注意书的内容，其他如印刷、装订、行款、板式，为一般图书爱好者所注意的问题，在这里多不讲了，我们只有简单的两句话："要有书读！要有好书读！"

该刊设有学术论著、书评、新书介绍、文化界等。当时一些著名的学者、名人，如陈立夫、朱自清、戴传贤、朱家骅、朱偰、王重民、屈万里等都为之撰稿。

"论著"栏目发表的内容有：第一卷第一期的《中印文化兴衰合离因缘》（戴傅贤著）、《历史主义的起源》（张致远著）、《饮虹簃曲籍题跋》（戴傅贤著）；第二期的《印度摩诃菩提会年会题跋》（戴傅贤著）、《力可拉也哈曼》（陈康著）、《饮虹簃曲籍题跋》（续一，戴傅贤著）；第三期的《汉族流源初探》（刘节著）、《说易》（屈翼鹏著）、《饮虹簃曲籍题跋》（续二，戴傅贤著）；第四期的《印度国民大会赠纺织机题记》（戴傅贤著）、《选译西洋学术名著之建议》（瞿菊农著）、《读春秋繁露》（易君左著）、《歌德年谱》（冯至译注）；第五期的《中央研究院工作之方针》（朱家骅在国立中央研究院第二届第一次年会上致辞）、《最近十五年来中国化学的进步》（曾昭抡著）、《歌德年谱》(续一,冯至译注);第六期的《李白古风之研究》(朱偰著)、《关洛学说先后考》(张德钧著)、《中国音韵学研究》(魏建功著)、《歌德年谱》(续二,冯至译注);第七至八期的《楚辞郭注义征》(胡光炜著)、《介绍高本汉的中国音韵学研究》(罗常墙著)、《高本汉中国音韵学研究校读记》(高华年著)、《东汉至唐外人来华纪略》(山严著)、《印度之汉学》(谭云山撰,李鼎芳译)、《歌德年谱》(续三,冯至译注);第二卷第一期的《科学研究之意见》(朱家骅在自然科学社第十四届年会上讲话)、《郦亭藏书题跋记》(一)(朱希祖著)、《汲冢竹书考略》(屈万里著);第二期的《忆泰果尔长者》(戴傅贤著)、《复中山大学张校长函》(戴傅贤著)、《郦亭藏书题跋记》(二)(朱希祖著)、《临川音系跋》(罗莘田著)、《歌德年谱》(续四,冯至译注);第三期的《抗建与图书馆》(陈立夫著)、《金刚经疏宣演校记》(张德钧著)、《金文与诗书认证》(游寿著)、《德国十二世纪之抒情诗》(商章孙著)、《歌德年谱》(续五,冯至译注);第四期的《南明史籍跋文》(朱希祖著)、《法伟堂校本经典释文跋》(罗常培著)、《春秋何以为"仁义法"》(易君左著)、《歌德年谱》(续六,冯至译注);第五期的《说黄土》(杨钟健著)、《骞公楚辞音之协韵说与楚音》(周祖谟著)、《宋椠权载之集残叶后记》(王献唐著)、《歌德年谱》(续七,冯至译注);第六期的《各国化学著作统计》(曾昭抡著)、《李邕墓志铭跋屋》(罗根泽著);第七期的《原理肯定问题》(陈康著)、《入声非声说》(岑麒祥著)、《金刚仙论考》(张德钧著);第八期的《宋藏蜀版异本考》(吕证著)、《笺多译金刚经论考》(张德钧著)、《歌德年谱》(续八,冯至译注);第三卷第一期的《恬盦语文论著甲集序》(郑天挺著)、《唐律疏议补注序》(徐道邻著)、《敦煌写本唐大顺元年残历考》(董作宾著)、《梁天监五年告造像跋屋》(游寿著);第二期的《十五年来中国天文学之进步》(张钰哲著)、《中国近十年来气象事业之进展》(卢温甫著)、《唐律在中国法制史上及东亚诸国之价值》(徐道邻著)、《中国现代语法序》(朱自清著);第三至四期的《隋唐佛学之特点》(汤用彤著)、《元代的文学与社会》(邵心恒著)、《礼的研究》(缪凤林著)、《论夷狄与狄戎》(刘节著);第五至六期的《察司半印考》(马衡著)、《壳梁春秋考证》(张西堂著)、《十三经注疏板刻述略》(屈万里著)、《敦煌本〈大历序〉跋》(严敦杰著)、《读〈骞公楚辞音之协韵与楚音〉》(周法高著)、《释〈生存〉》(张嘉谋著)等等。

其中第二卷第一期特载《致敬书》(叶楚伦撰,戴傅贤书)、《本刊一周年》和《图书月刊第一卷要目》;第二卷第八期特载《国父遗教节录,释迦牟尼佛成道记》(戴傅贤著);第三卷第一期特载《图书月刊第二卷要目》等等。

第三章 国立中央图书馆时期馆刊

"书评辑目"栏目有:总类42种、哲学46种、教育20种、考古4种、传记30种、地理29种、社会科学3种、社会21种、妇女刊物5种、统计6种、经济72种、商业7种、语言1种、文学113种、艺术10种、农业5种、历史67种、政治65种、人类4种、军事17种、自然科学6种、附录7种、法律7种、生物7种、医学2种、数学1种、天文4种、地质23种、应用14种、民族6种、财政13种、音乐2种、宗教2种、心理1种、行政2种、文学文艺56种、行政外交军事内政48种、文化宗教3种、历史地理18种等等。

"出版介绍"("新书介绍")栏目发表了出版界出版的新书,较详细地介绍了新书的内容、作者、出版日期、出版单位、装帧形式及册数等,如第一卷第一期:《国父遗教》11种、《总裁言论》29种、《中国文化与中国的兵》(雷海宗撰,文史丛书编辑部二十九年二月出版,长沙商务印书馆发行,平装一册)、《现代国防类系》(黄正铭编译,二十九年十月出版,青年书店印行,平装一册)、《二次大战中苏联的外交》(罗吟圃译,二十九年一月初版,时代印刷所印行,平装一册)、《柏林回忆录》(周竞中、董履常合译,二十九年七月初版,时兴潮社印行,平装一册)、《从学校到社会》(叶心安撰,二十九年三月出版,上海中国图书编译馆印行,平装一册)、《文天祥年述》(傅抱石撰,二十九年七月出版,重庆青年书店印行,平装一册)等24种;第一卷第二期:《国父遗教》5种、《总裁言论》12种、《地质学》(张栗原编译,二十九年一月初版,中华书局印行,平装一册)、《养鸡学》(金宸枢编著,二十九年一月初版,中华书局印行,平装一册)、《游戏与教育》(王国元编著,二十九年一月初版,中华书局印行,平装一册)等,另有27种;第一卷第三期:《普通昆虫学》(邬钟琳编,二十九年六月出版,中华书局发行,洋装一册)、《云南之自然富源》(郭垣著,二十九年八月初版,正中书局印行,平装一册)等,另有16种;第一卷第四期:《天然香料与人造香料》(钱若锦著,二十九年四月初版,世界书局印行,平装一册)、《银行会计》(曹振昭著,二十九年七月初版,上海中华书局印行,精装一册)、《唐代财政史》(鞠济远著,二十九年九月初版,商务印书馆印行,平装一册)等,另有8种;第一卷第五期:《中国哲学史》(金公亮撰,二十九年十二月初版,正中书局印行,平装一册)、《伦理学大纲》(谢幼伟撰,三十年二月初版,正中书局印行,平装一册)等,另有17种;第一卷第六期:《海鸥》(柴霍夫撰,芳信译,二十九年一月初版,世界书局印行,平装一册)、《意识论》(麦参史撰,二十九年二月初版,商务印书馆印行,平装一册)等共20种;第一卷第七至八期:《微积分学》(孙光远、孙叔平撰,二十九年九月初版,商务印书馆印行,平装一册)、《中国政治二千年》(张纯明著,二十九年八月初版,商务印书馆印行,平装一册)等共 20 种;第二卷第一期:《日本经济史》(土尾乔雄撰,郑启成译,三十年三月初版,商务印书馆印行,平装一册)、《公务员惩戒制度》(吴绂征撰,二十九年十二月初版,商务印书馆印行,平装一册)等共 8 种;第二卷第二期:《西南民族问题》(张潜华撰,三十年三月初版,青年书店印行,平装一册)、《西康综览》(李亦人撰,三十年五月初版,正中书局印行,平装一册)等共 12 种;第二卷第三期:《日本的罪状》(沈锜译,三十六年初版,正中书局印行,平装一册)、《明代学术思想》(陈安仁撰,二十九年七月初版,商务印书馆印行,平装一册)等共 14 种;第二卷第四期:《化学学校》(汤元吉译,二十九年十一月初版,商务印书馆印行,平装三册)、《中国地质学发展小史》(章鸿钊撰,二十九年二月初版,商务印书馆印行,平装一册)等共 14 种;第二卷第五期:《污水工程学》(王寿实编,二十九年十二月初版,商务印书馆印行,平装一册)、《滑翔机之构造》(郑保源编,三十年三月初版,商务印书馆印行,平装一册)等共 14 种;第二卷第六期:《通俗天文学》(金克木译,二十七年七月初版,商务印书馆印行,平装一册)、《太阳系》(李锐夫撰,三十年八月初版,正中书局印行,平装一册)等共 15 种;第二卷第七期:《国防论》(吴保生撰,三十一年四月初版,军政部陆军经理杂志社印行,平装一册)、《中国古代教育史》(马宗荣撰,三十一年二月初版,贵阳文通书局印行,平装一册)等共 14 种;第二卷第八期:《长生论》(畲小宋译,二十九年十月初版,商务印书馆印行,平装一册)等共 14 种;第三卷第一期:《中国之命运》(蒋中正撰,三十二年三月普及版,正中书局印行,平装一册)等共 14 种;第三卷第二期:《科学概论》(石兆棠撰,三十一年六月初版,桂林文化供应社印行,平装一册)等共 14 种;第三卷第三至四期:《新艺术论》(蔡仪撰,三十二年七月初版,商务印书馆印行,平装一册)等 15 种;第三卷第五至六期:《实用理则学八讲》(陈大齐著,三十二年一月出版,中国文化服务社出版,平装一册)等 9 种。

"文化界"栏目发表了国外、国内与文化有关的消息,第一卷第一期国外消息有:德国探险家回国、加拿大禁止日本刊物销行等 22 则,国内消息有:中山月刊移渝复刊、中国留美学生统计、中正大学开学典礼等 18 则;第二期国外消息有:中国文化在苏联及英各大学设特别讲座、博格森逝世等 7 则,国内消息有:发现藏文佛经旧写本、地政研究所成立、中央青年剧社筹建伟大剧场等 15 则;第三期国外消息有:五十年芝加哥大学、墨西哥发现古物、缩小印刷术等 10 则,国内消息有:中国科学社创设奖金、陪都古物展览、四川省正式成立博物馆等 23 则;第四期国外消息有：德国莱城图书馆藏书讯、世界百科全书保存不朽、泛美洲教育会议等15则，国内消息有：大量翻印士兵读书、厦门大学二十周年等18则；第五期国外消息有：美国新书推选、东坛近事等10则，国内消息有：天目山发现新石器、中国文化运动路线等26则；第六期国外消息有：越南文物被掠夺等7则，国内消息有："七七"展览会在渝举行等22则；第七至八期国外消息有：剑桥大学出版部重要新刊等13则，国内消息有：国立中央图书馆以四库珍本赠英美苏等国大学、中缅交换教授等31则；第二卷第一期没有专门区分国外和国内消息，消息有：浙江大学文科研究所史地学部举行《徐霞客先生逝世三百周年纪念会纪略》、国立中央图书馆影印善本丛书第一集出版、国史馆大批征求史料等20则，还发表了三十年十二月陪都文化动态29则，三十一年一月陪都文化动态9则，三十年十二月陪都剧讯6则，三十一年一月陪都剧讯11则；第二期消息有：我国艺术品在美展览、中央图书馆儿童阅览室开放等17则，陪都二月文化动态36则，二月陪都剧讯13则；第三期消息有：美国影印欧洲古籍、中央图书馆受赠英国大批图书等32则，三月陪都文化动态34则，三月陪都剧讯7则；第四期消息有：推进国民教育、中印学会改造等29则，陪都四月文化动态33则，陪都四月剧讯6则；第五期消息有：我珍本图书在美影印、南洋研究所成立等16则，陪都五月文化动态28则，陪都五月剧讯4则；第六期消息有：中央大学编辑近况、推行社会教育、教育部拍制大量教育影片等16则，陪都六月文化动态18则，陪都六月剧讯无；第七期消息有：美国图书馆讯一斑、中央文化交流、图书馆学补习学校开办等15则，陪都七月文化动态17则、八月9则、九月11则；第八期消息有：伦敦举行中国艺展、中国印刷学会成立等51则，陪都十月文化动态14则、十一月11则、十二月12则；第三卷第一期消息有：教部令国立中学寒假招生、川大将迁蓉等36则；第二期消息有：中国俄文学会成立、师范教育讨论会等37则；第三至第四期消息有：英中学等校举行《少年人之中国》短篇小说竞赛、我国出版界近况等46则；第五至第六期消息有：民间艺术协会成立、中印千年史出版等19则。

"新书汇报"栏目有：总类47种128册、自然科学56种63册、医药3种3册、实用科学5种5册、化学2种2册、史地94种105册、社会科学112种121册、语言7种7册、心理5种5册、哲学53种54册、人类1种1册、教育45种45册、文艺202种202册、语文学24种24册、宗教1种1册、体育2种2册、财政18种18册、政治73种73册、法律7种9册、经济49种49册、医学11种11册、军事17种17册、历史50种50册、地理28种28册、哲学宗教18种18册、应用科学38种38册、农业1种1册、交通1种1册、商业2种2册、文化37种37册、传记11种11册、文学26种26册、天文1种1册、工业1种1册、科学2种2册、民族2种2册、政治法律内政10种10册、经济财政商务5种5册、植物2种2册、文化文学9种9册。

"附录"栏目有：第一卷第三期《中央研究院评议会年会纪事》；第四期《中央庚款十年来管理概况》（朱家骅在本年四月八日中央庚款董事会成立十周年纪念会上报告）；第二卷第三期《善本书志》（国立中央图书馆藏善本书题跋）3种、第四期3种、第五期3种、第六期3种、第七期3种、第八期4种、第三卷第一期4种、第二期3种、第三至第四期2种、第五至六期6种；第二卷第八期的《抗战以来中央研究院之概况》（朱家骅）；第三卷第二期《北平北堂图书馆小史》（方豪）。

该刊在第二卷第六期增加了"目录"栏目，有《鄞马氏不登大雅文库剧曲目录》（吴晓玲编序）；第二卷第七期《清光绪年蜀刻算书》（严敦杰）；第二卷第八期《竟无内外学目录》（欧阳渐）；第三卷第一期《美国国会图书馆藏中国善本书录》（王重氏辑录）；第三卷第二期《美国国会图书馆藏中国善本书录》（卷第一，续一）（王重氏辑录）；第三卷第三至第四期《美国国会图书馆藏中国善本书录》（续二）（王重氏辑录）、《美国国会图书馆藏中国善本书录》（卷第二）（王重氏辑录）；

最后是"说明"，相当于凡例以及本刊投稿简章等。

第四节 《书林季刊》

中央图书馆在抗战后编印出版了英文馆刊《书林季刊》。1946年6月创刊，1947年3月停刊，共出版4期。

《书林季刊》由钱钟书总纂。钱钟书以亲身的实践，深知图书馆的益处，乐为图书馆事业的发展尽自己的力量。1945年，钱钟书任教于上海国立暨南大学，其愉快接受了国立中央图书馆的邀请，担任《书林季刊》总纂，不辞劳苦，定期来南京阅稿终审，还亲自为该刊撰稿。

《书林季刊》的办刊宗旨，在《国立中央图书馆馆刊》复刊第一号"开卷辞"中曾有交待："复员以来，馆务百凡待理，经同人半年之辛勤，渐次就绪。乃谋期刊之恢复。爰决定暂出季刊两种，一为西文，一为中文。西文者名《书林季刊》，已于秋间问世，主旨以介绍吾国学术于域外，俾谋文化之沟通。"

该刊由于是英文版,且暂未在馆藏中找到,而南京图书馆藏英文期刊及英文书正在回溯建库,因此内容在这里就不详细介绍了。

第五节 《国立中央图书馆馆刊》

汪伪国民政府时期,中央图书馆于 1942 年 3 月出版了《国立中央图书馆第一年刊》共 1 期。抗战胜利后,中央图书馆又于 1947 年 3 月至 12 月出版了《国立中央图书馆馆刊》(季刊,共 4 期)(复刊第一号、复刊第二号、第一卷第三号、第一卷第四号)。

一、《国立中央图书馆第一年刊》

(一)《国立中央图书馆第一年刊》书影

1.《国立中央图书馆第一年刊》封面(图一)
2. 国父遗像(图二)

图一

图二

3.《国立中央图书馆第一年刊》目录(图三、图四)

图三   图四

4. 伪主席汪精卫肖像(图五)
5. 伪教育部李部长、伪教育部赵前部长兼伪馆长 2 人肖像(图六)

图五   图六

6. 伪教育部薛次长、伪教育部戴次长、伍馆长、段前馆长 4 人肖像（图七）

图七

7. 国立中央图书馆全体职员摄影及国立中央图书馆年刊编辑委员会全体摄影(图八)

图八

8. 本馆大门、本馆玄武湖阅览处、本馆普通阅览室、本馆巡回文库、本馆参考阅览室、本馆儿童阅览室、本馆杂志报章阅览室等图片（图九）

图九

9. 本馆清凉山阅览处、本馆鸡鸣寺阅览处、本馆白鹭洲阅览处、本馆书库等图片（图十）

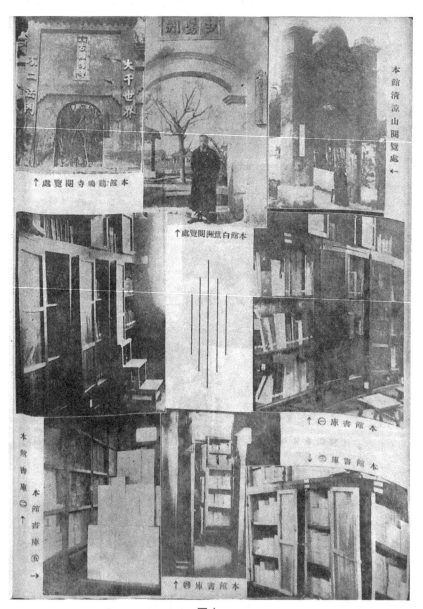

图十

10. 本馆周年各界人士题词（图十一、图十二、图十三、图十四）

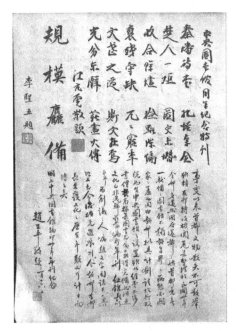

图十一

图十二

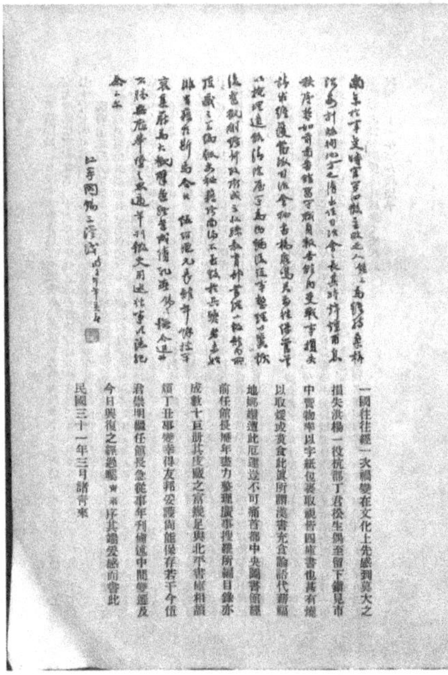

图十三

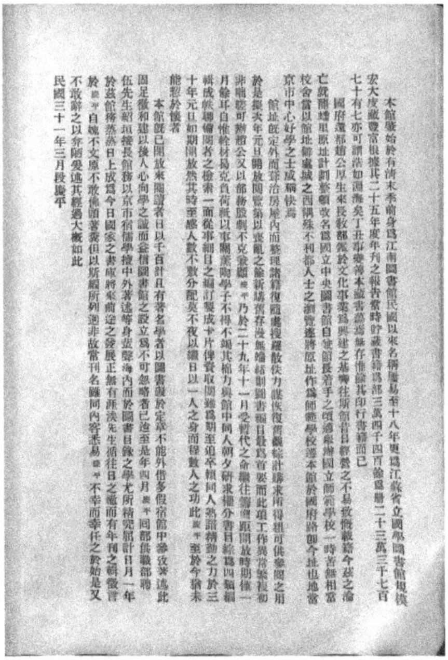

图十四

11. 发刊词（图十五）

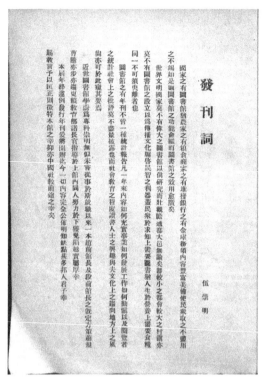

图十五

12. 本馆馆舍平面图（图十六）

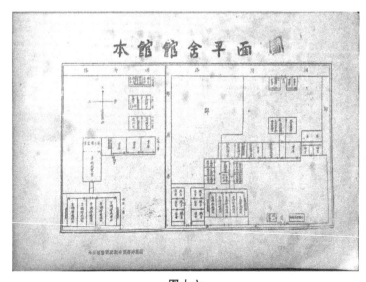

图十六

13. 本馆组织系统表(图十七)

图十七

14. 本馆职员录(本馆现任职员一览表)(图十八、图十九)

图十八

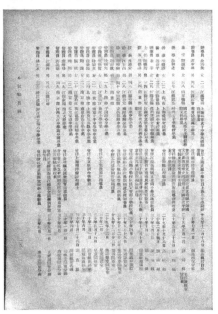

图十九

15. 本年度卸任职员一览表（图二十）

（二）《国立中央图书馆第一年刊》主要内容及解读

封面题有：民国三十年　国立中央图书馆第一年刊　李圣五题　字样（图一），反面有：国父遗像和国父遗嘱（图二）。其次是《国立中央图书馆第一年刊目录》（图三、图四）。又有伪汪主席（图五）、伪教育部李部长、伪教育部赵前部长兼馆长（图六）、伪教育部薛次长、伪教育部戴次长、伍馆长、段前馆长（图七）等人肖像，国立中央图书馆全体职员摄像和国立中央图书馆年刊编辑委员会全体摄像（图八），本馆大门口、本馆玄武湖阅览处、本馆巡回文库、本馆参考阅览室、本馆普通阅览

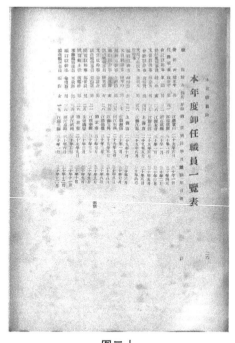

图二十

室、本馆杂志报章阅览室、本馆儿童阅览室等图片（图九），本馆清凉山、鸡鸣寺、白鹭洲等阅览处以及本馆书库图片（图十），各界人士题词（图十一、图十二、图十三、图十四）。

伍崇明馆长在发刊词中说道"国家之有图书馆犹农家之有粮食、商家之有堆栈、银行之有金库"，因此"务须内容丰富"使"民众取之不尽用之不竭"。"图书馆之有年刊不啻一种统计报告，凡一年来内容如何充实、事业如何发展、工作如何勤慎以及阅览者之统计、社会上之批评莫不尽量披露"，"而社会教育之程度、读书人士之兴趣"以及"文化上之趋向、地方上之风尚亦可于此窥其要焉"（图十五）。

该年刊"专著"栏目发表了陈柱尊的《两周金石文选评注叙例》、吴廷燮的《蒙藏地图宜求新本说》和《历代豫政女子事略序》、秦亚修的《中国民族的特性》等文章。另发表了《题贞孝龙女士事略》《观张女士演刺虎昆剧》《书怀·七律》《除夕感赋》和《元旦书怀》等诗词。

伍崇明馆长发表了《本馆小史》，文中说"本馆于光绪三十三年开始筹备，于宣统二年正式开办，制定章程，规划设备，先期广告任人参观，江苏省之有大规模公开图书馆，实自始也。""鼎革之际""改名江南图书局"，"民国二年七月，复改名为江苏

省立图书馆","民国八年,改称江苏省立第一图书馆","十六年九月,改名为第四中山大学国学图书馆","十七年五月,改名中央大学国学图书馆","十八年十月又复改为江苏省立国学图书馆","国府还都以后,始易名为国立中央图书馆"。

"本馆组织规程暨各项办事细则"栏目发表了《本馆组织规程》(共十九条)、《本馆办事通则》(共十五条)、《本馆馆务会议简则》(共九条)、《本馆图书采购委员会规则》(共八条)、《本馆事务组办事细则》(共七条)、《本馆事务组文书股办事细则》(共十二条)、《本馆事务组庶务股办事细则》(共二十一条)、《本馆事务组会计股办事细则》(共十六条)、《本馆访购组办事细则》(共十条)、《本馆访购组采访办事细则》(共九条)、《本馆访购组购置股办事细则》(共十一条)、《本馆编藏组办事细则》(共七条)、《本馆编藏组编辑股办事细则》(共十二条)、《本馆编藏组校订股办事细则》(共十三条)、《本馆编藏组保管股办事细则》(共十七条)、《本馆阅览组办事细则》(共十二条)、《本馆阅览组指导股办事细则》(共十一条)、《本馆阅览组推广股办事细则》(共十一条)、《本馆职员请假规则》(共十条)、《本馆阅览须知》(共十二条)、《本馆借书规则》(共九条)、《本馆特别研究室规则》(共十二条)、《本馆参考阅览室规则》(共十三条)、《介绍书及复函式样》、《本馆普通阅览室规则》(共十条)、《本馆杂志报章阅览室规则》(共八条)、《本馆儿童阅览室规则》(共八条)、《本馆职员借读图书规则》(共十条)、《本馆机关团体借书规则》(共十一条)等。另还有《本馆组织系统表》(图十七)、《本馆馆舍平面图》(图十六)、《本馆现任职员一览表》(图十八、图十九)和《本馆卸任职员一览表》(图二十)。

"本馆各组工作概况"栏目中发表了《事务组工作概况》(含文书股的收文发文样式、本馆卷宗号数及名称、两年来收文统计、两年来发文统计、三十年度职员假期统计;会计股的本馆二十九年度经费收支表、本馆三十年度经费收支表、本馆经费预算分配以及庶务股工作概况)、《访购组工作概况》(含本馆三十年度购入图书统计表、本馆三十年度定购杂志目录、本馆三十年度定购报纸目录、本馆三十年度收到赠送图书目录、本馆三十年度收到赠送公报目录、本馆三十年度收到赠送报纸目录、本馆三十年度收到赠送杂志小册目录)、《编藏组工作概况》(含编辑股的本馆中日文卡片式目录之简要说明、本馆西文卡片式目录之简要说明、本馆中文杂志目录简要说明、本馆中文报章目录简要说明;校订股的三十年度修补装订书籍一览表;保管股的三十年度藏已编图书统计表、三十年度藏已编中日文小册统计表、三十年度藏已编杂志公报统计表)、《阅览组工作概况》(含儿童阅览室、杂志报章阅览室、普通阅览室及参考阅览室的国立中央图书馆阅览分类统计表)、《本馆馆外阅览处概况》(设立旨趣、选择馆外阅览处设立地址的原则、职工、设备及各阅览处阅览人数统计)、《本馆巡回文库概况》(前言、推进实况、国立中央图书馆巡回文库设立地点一览表)等。

"本馆大事记栏目"发表了本馆二十九年五月份大事记3件、六月份3件、七月份3件、八月份3件、九月份5件、十月份5件、十一月份5件、十二月份8件、三十年一月份6件、二月份5件、三月份11件、四月份5件、五月份8件、六月份5件、七月份6件、八月份5件、九月份6件、十月份5件、十一月份7件、十二月份7件。

"本馆中日文图书分类目录"发表了本馆中日文图书分类目录,计总部类200种10098册、哲学类285种841册、宗教类78种128册、自然科学类230种359册、应用科学类232种429册、社会科学类687种1574册、史地类589种5485册(张)、语文类860种4015册(张)、美术类375种1201册(张)等。中日文杂志目录共222种;中日文报章目录共36种;中日文小册分类目录中总类56种84册、自然科学类1种1册、应用科学类6种6类、社会科学类53种60册、史地类9种9册、语文类4种4册等;公报目录42种。

"编后"栏目发表了陈联衡的《三十一年度之新展望》、沈正之的《三十一年度新展望》和陶复群的《三十一年度新展望》。

最后一页是刊登编辑者:国立中央图书馆;印刷者:南京国华印书馆;发行处:南京国府路本馆;中华民国三十一年二月付印;中华民国三十一年三月出版。

二、《国立中央图书馆馆刊》

(一)《国立中央图书馆馆刊》书影

1.《国立中央图书馆馆刊》(复刊第一号)封面(图一)
2.《国立中央图书馆馆刊》开卷辞(图二)
3.《国立中央图书馆馆刊》(复刊第一号)目录(图三)
4.《国立中央图书馆馆刊》(复刊第二号)封面(图四)
5.《国立中央图书馆馆刊》(复刊第二号)目录(图五)
6.《国立中央图书馆馆刊》(第一卷第三号)封面(图六)
7.《国立中央图书馆馆刊》(第一卷第三号)目录(图七)

第三章　国立中央图书馆时期馆刊

图一

图三

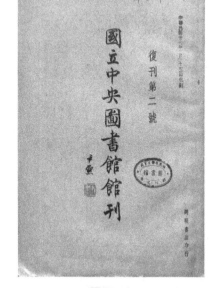

图四

图五　　　　　　　　　图六

8.《国立中央图书馆馆刊》(第一卷第四号)封面(图八)

图七　　　　　　　　　图八

第三章　国立中央图书馆时期馆刊

9.《国立中央图书馆馆刊》(第一卷第四号)目录(图九)

图九

(二)《国立中央图书馆馆刊》主要内容及解读

1947年5月出版的《国立中央图书馆概况》称:"三十六年三月编印《国立中央图书馆馆刊》复刊第一号出版。开明书店发行。是刊为继续战前之《学觚》,战时之《图书月刊》而编印,故称复刊第一号。"复刊后,学术性文章的比重增多。该刊由郑振铎、王庸两位负责编辑,这两位先生都是海内外知名人士,中国第一流学者,所以季刊和馆刊能不胫而走,风行海内。

"论著"栏目复刊第一号发表了贺昌群的《世说新语札记》、李玄伯的《赵东潜旷亭读书图歌注》、姜亮夫的《瀛涯敦煌韵辑头总目叙录》、赵景深的《方志著录明清曲家考》(卷上)、屈万里的《汉石经周易为梁丘氏本考》和游寿的《梁宋谦墓志与唐代宦官》(隋唐塚墓遗文史事业考之一);复刊第二号发表了李玄伯的《中国古民社会与近代初民社会》、吴庠的《南宋书棚本江湖群贤小集记略》、逯钦立的《跋老子化胡经去歌》、王玉章的《陈潜翁与悲凤曲》和赵景深的《方志著录明清曲家考》(卷下);第一卷第三号发表了陈槃的《略论秦与西汉间之"符应"说》、钱大成的《钱遵五年谱稿》、徐益藩的《黄梨洲吕晚村争灒生堂书平议》和逯钦立的《跋嵇康集第一卷诗》;第一卷第四号发表了王叔岷的《庄子向郭注异同考》、钱大成的《毛子晋年谱稿》、张德钧的《十八部论考证》和章泰笙的《晋潘岳生卒年考》等。

"新书介绍"栏目,复刊第一号发表了《中国与战后世界》(孙科著,商务印书馆出版)、《八年抗战之经过》(何应钦编著,民国三十五年五月南京中国陆军总司令部印行)等17种新书;复刊二号发表了《中文同音字典》(杜松寿编,三十四年五月西安经世书店初版,三六四页,定价一千元)、《汉魏六朝专家文研究》(罗常培著,民国三十四年十一月独立出版社初版,七十六面,定价一元四角)等17种新书;第一卷第三号发表了《图书编目学》(金敏甫编著,民国三十五年十二月正中书局初版,二七六页,定价五元五角)、《国民政府年鉴》(第三回)(行政院编印,民国三十五年八月初版,上下两册)等18种新书;第一卷第四号发表了《中国政治地理》(王维屏著,三十六年五月大中国图书局初版,一〇六页)、《台湾地理》(宋家泰编著,三十五年九月上海正中书局出版,六加一七二页,定价三元五角)等13种新书。

"书目"栏目发表了国立中央图书馆入藏呈缴图书目录,其中总类14种、经学6种、哲学32种、教育86种、历史65种、传记43种、地理56种、社会35种、民俗11种、政治140种、法律46种、经济26种、财政31种、交通7种、商业14种、语言37种、文学400种、音乐7种、艺术16种、游技5种、自然科学7种、数学18种、天文4种、化学7种、地质3种、生物13种、人类12种、医药67种、农业19种、工业36种、军事25种、目录4种、心理2种、宗教14种、美术10种、社会科学1种、统计1种、物理5种、应用科学1种、家事4种、考古1种、语文56种、自然3种等。

另外,复刊第一号有"文化消息"栏目,发表了西北大学教授王子云氏在长安近郊发现周氏陶器、顾亭林手迹运回昆山等19则文化消息,其余三期没有"文化消息"这一栏目。复刊第一号和第一卷第三号有"国立中央图书馆入藏期刊目录",其中复刊第一号发表了158种、第一卷第三号发表了98种。复刊第二号有"附录"栏目,发表了海盐朱遏先生著作目录。复刊第二号和第一卷第四号有"书评"栏目,复刊第二号发表了禾子的《郡县时代之安南》(黎正甫著,商务印书馆印行,三十四年七月重庆初版,同年十二月上海初版)书评和春斋的《中国疆域沿革略》(童书业著,民国三十五年四月开明书店初版)书评,第一卷第四号发表了南屏的《中国文学批评史》(罗根泽编著,商务印书馆印行,第一分册——周秦两汉,三十三年一月重庆初版;第二分册——魏晋六朝,三十二年八月重庆初版;第三分册——隋唐,三十二年十一月重庆初版;第四分册——晚唐五代,三十四年七月重庆初版,全书三十六年二月上海初版)书评和玄常的《刘向歆父子年谱》(钱穆著,民国三十六年五月中国文化服务社沪一版)书评。第一卷第三号有"专载"栏目,发表了《国立中央图书馆概况》(民国三十六年五月编),分沿革、组织、经费、工作述略、建筑、藏书、出版、研究与成绩、馆员之进修、图书馆事业研究委员会、出版品国际交换处等十一部分,其中组织部分附组织大纲共七条、附二十九年十月十六日国民政府公布的组织条例共十三条和三十四年十月二十七日复奉国民政府公布的组织条例十四条。

第四章 南京图书馆时期馆刊

20世纪80年代初,中国的图书馆事业刚刚从"四人帮"左倾路线的桎梏中解放出来,可谓百废待兴,那时各项工作都在恢复之中,图书馆工作者在业务工作停顿多年后重新走上工作岗位,急需通过学习来补充新的专业知识,在这一时代背景下,《江苏图书馆工作》于1980年应运而生。定名为《江苏图书馆工作》,意味着当时办刊的主要目的是帮助图书馆工作者解决业务上遇到的诸多困难和问题,刊物有着较强的实践性,对图书馆实际工作具有相当的指导价值。到了1984年,图书馆事业和图书馆教育经过几年的恢复和发展已经有了长足的进步,但改革开放也使中国图书馆面临着前所未有的新情况、新问题。厚重的文化积淀,西方各种图书馆学术思潮的涌入,层出不穷的新生事物,呼唤着中国图书馆需要学术繁荣、需要理论创新,否则难以将中国图书馆改革进一步引向深入。面对这一新的历史发展机遇,本馆与时俱进地将刊名由《江苏图书馆工作》变更为《江苏图书馆学报》,使本刊更好地适应图书馆界学术研究的需要,更提升了本刊的学术性。本刊的办刊重心也从反映图书馆具体工作层面转移到理论研究层面上来,也由此登上了图书馆的学术舞台。从1984年到2002年,《江苏图书馆学报》(以下简称为"学报")走过了近20年的办刊历程。在这20年中,《学报》充分体现了学术刊物的特点,立足江苏,面向全国,哺育了一代图书馆人的成长,对江苏图书馆事业起到了重要而积极的推动作用,20年来,《学报》取得的成绩有目共睹。历史推进到了新的世纪,图书馆随着全球信息化的浪潮进入全新的发展阶段。作为一份富有历史责任感的专业刊物,必须立于时代的潮头,捕捉本专业领域内最新的学术动态,使刊物能成为推动图书馆进步的工具。在实践中深深感到原刊名《江苏图书馆学报》中的"江苏"区域性字样给本刊带来制约,对本刊组稿与发行都产生极其不利的影响,加之"学报"名称过于学术化,使一部分著者和读者望而生畏,不利于本刊的推广与发行。21世纪是信息化、知识化的时代,图书馆是为科学技术提供智力资源的知识宝库,也是国家为提高全民族文化素质而投入建设的文化基础设施。本刊作为图书馆界的专业刊物,理所当然地应当反映这一时代精神,克服原刊名给本刊带来的固有局限,因此,由《江苏图书馆学报》更名为《新世纪图书馆》。启用《新世纪图书馆》名称后,本刊深深熔铸时代赋予自身的生命力和创造力,报道国内外图书馆事业发展与图书馆研究前沿的有关问题,成为积极推动我国图书馆进一步改革开放、实现现代化建设的学术园地,成为指导我国图书馆工作实践的一支生力军。

第一节 《江苏图书馆工作》

在1978年9月23日召开的江苏省图书馆学会成立大会上,决定成立编辑委员会,由本馆研究员钱亚新任主任,筹办出版会刊《江苏图书馆》工作,钱亚新兼任主编,本馆邱克勤、王学熙任副主编,编辑部设在本馆。该刊为季刊,发行有1980年1～4期,1981年1～4期,1982年1～4期,1983年1～4期,共16期。为及时提供一些学习参考材料会刊,编辑部于1980年、1981年另编印了《江苏图书馆工作(增刊)》,每部增刊1～6期,共12期。

一、《江苏图书馆工作》书影

1.《江苏图书馆工作》(1980)第一期封面(图一)

2.《江苏图书馆工作》(1980)第一期目录(图二、图三)

3.《江苏图书馆工作》发刊词(图四)

4.《江苏图书馆工作(增刊)》(1980)封面(图五)

5.《江苏图书馆工作(增刊)》(1980)目录及告读者(图六)

6.《江苏图书馆工作(增刊)》(1981)封面(图七)

图一

图二

目次

发刊词 .... 本刊编辑部 1
中共江苏省委宣传部副部长章凌同志在江苏省图书馆学会成立大会上的讲话 2
江苏省图书馆学会章程 4
江苏省图书馆学会理事会名誉理事名单 6
江苏省图书馆学会常务理事名单 6
江苏省图书馆学会成立 .... 本刊记者 7

论文选辑

当前公共图书馆工作重点转移的一些看法 .... 唐茂松 8
努力把我馆的工作重点转移到社会主义现代化建设服务上来 东台县图书馆 10
图书馆是图书馆社会化的组织形式 .... 黄文虎 卢子博 13
图书馆网与新技术, 走向国家书目数据库 .... W.L.有尔史著 刘兆克译 16
试谈现代化图书馆设计中的干问题 .... 潘京芷 21
鲁迅与儿童读物 .... 张原尘 30
省地市公共图书馆为科学研究服务工作中的若干问题 .... 许培基 32
我谈怎样选择开展科技工作的 .... 常州市图书馆 38
略谈图书外欠问题 .... 郭成五 43
藏书展与显问题的探讨 .... 吴凤园 48
关于社会科学书刊在高等理工科院校图书馆中的地位的探讨 王可红 赵化成 54
理工科高等学校图书和情报工作一体化 .... 魏艘文 59
坚持面向科研 努力发挥图书资料作用 .... 南京水科所资料室图书资料组 62
搞好书目工作为四化服务（书目浅谈） .... 王 可 64
谈谈配合学术会议搞"书展"的一点认识 .... 赵佩芬 70
明代无锡会通馆图书总铃经字考 .... 潘天祯 72

论文摘要 .... (28篇) 钱亚新等 76

学会成立暨学术活动

良好的开端——省图书馆学会活动纪实 .... 王学熙 94

28577

图三

江苏省图书馆学会、南京中心图书馆委员会联合举办图书馆工作人员培训班工作计划 96
江苏省图书馆学会举办学术讨论会 97
谢小英同志对《中图法》修订中的惊人两类问题的发言 .... 卢刚文 98
卢子博同志对分类法的发言 99

图书馆志

南京大学图书馆在前进 .... 兰大新 100
我国早期的公共图书馆——江南图书馆 .... 张才谷 102
英国特别研究库——不列颠图书馆概况 .... 李孝侯 104

图书馆工作经验交流

一个肯定图书馆 107
津图地区文化局、京图地区教育局联合召开图书工作会议—传达省图书馆 108
会议文大会精神, 交流中学图书馆工作经验 .... 清江市图书馆 108
徐州市所属厂矿科技图书销售工作检查 .... 刘 风 李乐山 109
常州市图书馆举办科学会书讲座 .... 田 云 110
苏州市图书馆培训技术献服务工作 .... 苏州市图书馆 111
宜兴文化局开办农村图书工作会议 .... 宜兴县图书馆 112

动态·简讯

美国图书馆代表团访宁 .... 本刊记者 113
苏州图书馆学会办县图书馆员短期班 .... 丁宏宣 戚家成 114

国内图书期刊题目选摘 114
编后 .... 本刊编辑部 117
对询设计 .... 周建庆 包中协 118
南京图书《书讯》一九八〇年第一期目录 118

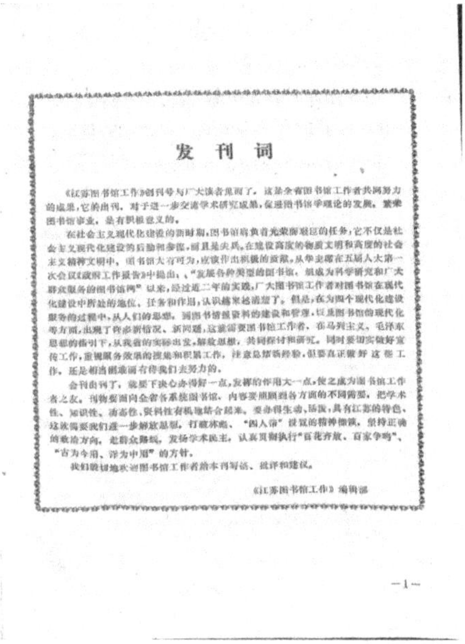

第四章　南京图书馆时期馆刊

图四

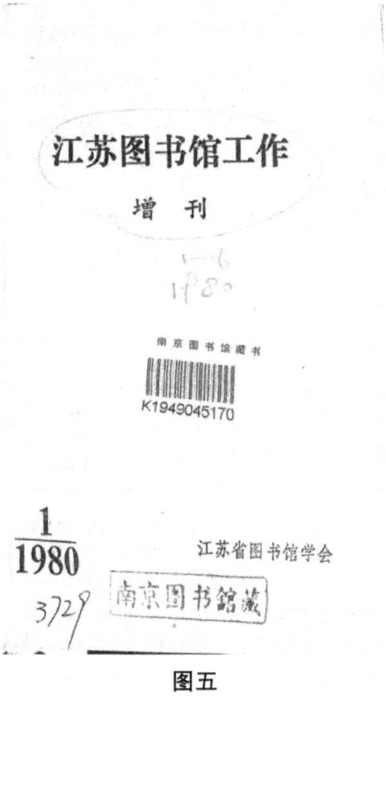

图五

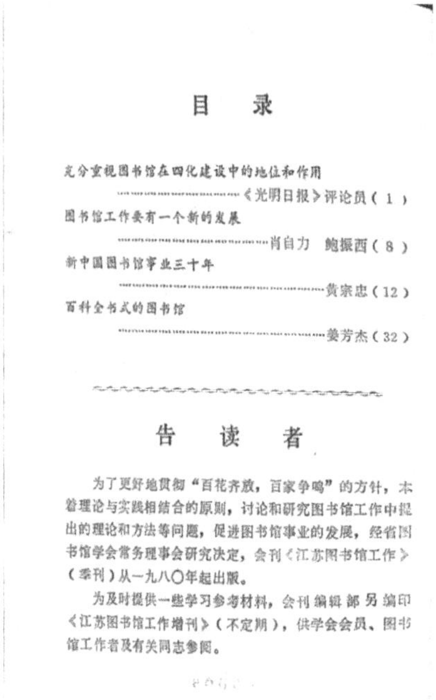

目 录

充分重视图书馆在四化建设中的地位和作用
...................................《光明日报》评论员（1）
图书馆工作要有一个新的发展
....肖自力 鲍振西（8）
新中国图书馆事业三十年
....黄宗忠（12）
百科全书式的图书馆
....姜芳杰（32）

告 读 者

为了更好地贯彻"百花齐放，百家争鸣"的方针，本着理论与实践相结合的原则，讨论和研究图书馆工作中提出的理论和方法等问题，促进图书馆事业的发展，经省图书馆学会常务理事会研究决定，会刊《江苏图书馆工作》（季刊）从一九八〇年起出版。

为及时提供一些学习参考材料，会刊编辑部另编印《江苏图书馆工作增刊》（不定期），供学会会员、图书馆工作者及有关同志参阅。

图六

图七

7.《江苏图书馆工作》(1982)第一期封面(图八)

图八

8.《江苏图书馆工作》(1983)第一期封面(图九)

图九

9. 祝贺汪长炳、钱亚新两老从事图书馆工作六十年部分贺联(图十)

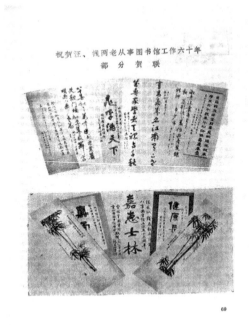

图十

二、《江苏图书馆工作》主要内容及解读

1980年初,《江苏图书馆工作》创刊号出版。在创刊号的"发刊词"中,编者希望此刊"成为图书馆工作者之友","内容要照顾到各个方面的不同需要,把学术性、知识性、动态性、数据性有机地结合起来。要办得生动、活泼,具有江苏的特色"。本期内容以江苏省图书馆学会成立为中心,分为三个部分:第一部分是江苏省图书馆学会成立纪要,除《发刊词》外,登载了李维同志在成立大会上的讲话,《江苏省图书馆学会章程》等。第二部分是论文选辑、题要。在学会成立大会召开时,共收到论文46篇,译文2篇,由于主客观条件的限制,该刊挑选了16篇全部登载,其余由作者写成题要。第三部分是学会成立以后的学术活动、江苏图书馆消息报导、图书馆志以及国内图书馆刊物简目选辑等。

在"发刊词"后刊登了中共江苏省委宣传部副部长李维同志在江苏省图书馆学

会成立大会上的讲话(一九七九年九月二十三日),主要内容有五个方面:一是坚持实践是检验真理的唯一标准,总结建国三十年来图书馆工作的经验,加强对图书馆学理论的研究。其中讲到"图书馆学是一门科学,它本身还在不断地向前发展"。二是坚持"百花齐放,百家争鸣"的方针,广泛地开展学术研究活动。其中讲到"对学术问题,要提倡研究和自由讨论。学术上的不同观点和不同见解,只有用民主的方法,通过自由讨论和争鸣去解决,以理服人,实行不抓辫子、不戴帽子、不打棍子的三不主义"。三是进一步落实华主席关于"发展各种类型的图书馆,组成为科学研究和广大群众服务的图书馆网"的指示,抓紧抓好建网工作。四是认真贯彻国民经济调整、改革、整顿、提高的方针,充分利用图书馆的现有条件,挖掘潜力,提高服务质量。五是加强图书馆工作队伍的建设。

另外还刊登了《江苏省图书馆学会章程》(一九七九年九月二十四日通过),该章程共四章十一条,其中第一章总则三条;第二章会员三条;第三章组织四条;第四章附则一条。刊登了《江苏省图书馆学会理事会名誉理事名单》,共十名。刊登了《江苏省图书馆学会常务理事名单》,共十三名。发表了本刊记者文章《江苏省图书馆学会成立》,文章指出"大会通过了《江苏省图书馆学会章程》《1979年四季度——1980年工作计划要点》,民主协商产生了第一届理事会成员,大会聘请省宣传、文化、教育部门的负责同志、著名科学家、图书馆界的老前辈、老专家十人为名誉理事。""召开了第一届理事会,选举产生了十三名常务理事。汪长炳同志当选为理事长,华彬清、袁任、杨希濂为副理事长,赵宛华为秘书长,吴观国、王可权、严仲仪同志副秘书长。""学术委员会二十七人,主任卢则文,副主任陆修栋、潘天祯、许培基;编辑委员会十六人,主任钱亚新,副主任洪流、吴观国、邱克勤。"

《江苏图书馆工作》在开展图书馆学研究,交流总结图书资料工作经验和研究成就,促进图书馆事业发展方面起到了一定作用。栏目设置有的是每期固定的栏目,如"图书馆志·人物""图书工作经验交流""动态·简讯·书讯"等;有从1980年第二期开始后一直保留的栏目,如"书人·书事·书评""图书馆与读者"等;有从1982年第一期后一直保留的栏目,如"国外图书馆""业务研究"等;有的栏目从1980年第一期设置后没有一直保留,如"论文""国内图书馆刊物简目选辑"等;有的栏目形式比较固定但不是每期都有内容,如"学术活动·学术争鸣""图书馆工作"等。

"论文"栏目1980年第一期发表的论文有:《对当前公共图书馆工作重点转移

的一些看法》(唐茂松)、《努力把我馆的工作重点转移到社会主义现代化建设服务上来》(东台县图书馆)、《图书馆网是图书馆社会化的组织形式》(黄文虎、卢子博)、《试谈现代化图书馆设计的若干问题》(南京工学院鲍家声)、《鲁迅与儿童读物》(张厚生)、《省属市公共图书馆为科学研究服务工作中的若干问题》(许培基)、《我馆是怎样开展科技工作的》(常州市图书馆)、《略谈图书外欠问题》(郭成玉)、《藏书质与量问题的探讨》(吴观国)、《明代无锡会通馆印书是锡活字本》(潘天祯)等16篇论文;发表论文提要26篇,《我国图书馆学的奠基人——郑樵》(钱亚新)、《略论章学诚的目录学思想和方法》(南京大学图书馆目录学研究小组)、《试论李大钊同志对我国无产阶级图书馆事业的杰出贡献》(倪波)、《略谈省市图书馆工作中的几个问题》(邱克勤)等;第二期发表的文章有:《改进工作机制,加强图书馆的情报服务工作——对省辖市图书馆为四化服务问题的探讨》(徐州市图书馆刘枫)、《试论样本书库的地位和作用》(江苏师范学院图书馆瞿冕良)、《谈谈〈祁彪佳集〉的版本》(南京图书馆钱亚新)等7篇;第三期发表的文章有:《要重视儿童图书馆的建设》(扬州市图书馆张纪天)、《试论参考工作与科学情报工作的关系——兼论图书情报一体化问题》(南京大学图书馆任樑)、《黄虞稷与〈千顷堂书目〉》(南京图书馆柳定生)、《〈七略别录〉质疑》(柏耀新)、《中国图书分类法应该规范化》(范家贤遗著);第四期发表的文章有:《关于主题目录在大中型公共图书馆中的地位的探讨》(南京图书馆刘光熹)、《高等学校图书馆工作的几个问题》(南京大学图书馆华彬清)等8篇。1981年第一期发表了《关于县图书馆工作中的几个问题》(南京图书馆王学熙)、《试论文学图书的分类问题》(南京市人民图书馆卢子博)等8篇;第二期发表了《中小型图书馆要提高为广大群众服务的自觉性》(郭成玉)、《论图书流通工作》(潘铉张国英)、《流通工作改革探讨》(金问涛)等12篇;第三期发表了《浅谈高校图书馆外文科技书刊的补充和利用》(伍玉贤)、《文献和文献价值》(李克西)等9篇;第四期发表了《理工科高校图书馆加强文献检索工作浅见》(李秀英)、《浅谈外文期刊著录中的"集中反映"和"分段反映"》(刘海娥)等14篇;1982年第四期发表了《专题目录与科学研究》(南京工业大学图书馆张厚生)。

"学术活动·学术争鸣"栏目1980年第一期发表了王学熙的《良好的开端——省图书馆学会活动纪实》(主要内容为:一是组织学术活动和经验交流;二是举办第一期图书馆工作人员培训班和筹办图书馆专业夜大学,江苏省图书馆学会和南京中心图书馆委员会联合举办图书馆工作人员培训班工作计划,卢则文的《江苏省图书馆学会举行学术讨论会》，谢小英同志对《中图法》修订中的依人列类问题的发言，卢子博同志对分类法的发言等；1982年第一期发表了潘天祯的《〈容斋逸史〉的作者订补》、马启的《如何评价中华图书馆协会》等文章；第三期发表了《再与〈刊名代号在中文期刊管理中的应用〉作者商榷》（华东工程学院图书馆袁凤荣）、《亦说传记归类》（南京邮电学院图书馆陶国先）等4篇文章；第四期发表了南通市图书馆明朗和张展舒的《〈中图法〉分类体系与现代科学体系矛盾略论》。1983年第一期发表了华东工程学院图书馆徐烈的《加强图书馆工作者职业道德教育的探讨》、吉林省文化厅鲍林涛的《关于在大中城市建立少年儿童图书馆之我见》等6篇文章；第四期发表了《江苏省图书馆学会和江苏省高校图书馆工作委员会召开学习〈邓小平文选〉座谈会》、卢子博的《〈邓小平文选〉学习札记》等文章。

"图书馆志·人物"栏目1980年第一期发表了兰大新的《南京大学图书馆在前进》、张才喜的《我国早期的公共图书馆——江南图书馆》、李孝枢的《英国的知识宝库——不列颠图书馆概况》等；第二期发表了倪迪初的《源远流长展新姿——常熟县图书馆小记》、言午的《历劫犹存铁骨梅——访蒋吟秋先生》等4篇文章；第三期发表了南通市图书馆史群的《开辟"张謇研究资料室"开展张謇研究学术活动》、张厚生的《盐城县图书馆一瞥》、周梦庄和王士鸣的《关于盐城硕图图书馆》、周维新的《努力地为科学研究铺路搭桥——中国科学院南京地质古生物研究所图书馆介绍》等文章；第四期发表了王志俊的《古老钟楼展新容——无锡市图书馆散记》、纪维周的《鲁迅与"八千卷楼"藏书》、严仲仪的《忆李小缘先生》、刘枫和杨润的《郭子化同志与徐州市图书馆》等文章。1981年第一期发表了宁甫的《南京市人民图书馆简介》、朱林的《图书馆园地中的一朵小花——淮安县淮城镇儿童图书馆纪实》、许培基的《S·R·阮冈纳赞的生平及其对图书馆学的贡献》等文章；第二期发表了丁晶的《前进中的南京工学院图书馆》等文章；第三期发表了于常的《常州市图书馆简史》、钱亚新的《忆马宗荣与我国近代图书馆学》等4篇文章；第四期发表了邬中建的《江苏师范学院图书馆介绍》、陶宝庆的《荣德生先生和大公图书馆》等3篇文章。1982年第一期发表了王勇的《在发展中前进的南通医学院图书馆》、葛家瑾的《宜兴县图书馆在前进》等文章；第二期发表了李一培的《多出人才　快出人才——记南京师范学院夜大学图书馆学专修科》、熊长泰的《中国科学院紫金山天文台图书馆近况》等4篇文章；第三期发表了陈一民的《南京师范学院图书馆介绍》；第四期发表了吴观国的《南京医学院图书馆介绍》。1983年第一期发表了陈英的《扬州师范学院图书馆》、徐乃成的《前进中的南京中山植物园图书馆》等文章;第二期发表了邵步新的《镇江市图书馆简介》;第三期发表了李韫和陈在廷的《南京林产工业学院图书馆简介》、无锡市塑料一厂李玉华和无锡市图书馆陶宝庆的《无锡县立图书馆志》等文章;第四期发表了王瑞荣的《南通师范专科学校图书馆简介》、周坚书的《发展中的江苏农学院图书馆》等文章。

"图书工作经验交流"栏目1980年第一期发表了《一个街道图书馆》(介绍南京市中华门街道图书馆勤俭办馆,全心全意为群众服务,千方百计地用社会主义思想占领精神生活阵地)、淮阴地区文化局和淮阴地区教育局联合召开工作会议(传达省图书馆学会成立大会精神,交流中学图书馆工作经验)、徐州市开展对厂矿科技图书情报工作检查等6篇文章;第二期发表了《资料室工作必须为本专业服务》(江苏省国画院资料室陶和芬)、《谈谈工艺美术的情报工作》(苏州市图书馆沈家模)、《县馆应重视图书目录的作用》(南京图书馆丁宏宜)、《略谈县图书馆与县新华书店的关系》(如皋县图书馆陆汉荣)、《介绍一种目录台》(南京林产工业学院图书馆陈在廷 程美兰)、《认真做好图书馆管理工作》(兴化安丰人民医院周世钦)等文章;第三期发表了《苏南五个市馆辅导工作座谈会纪要》(摘要)、《无锡县中学图书工作会议小结》(无锡县图书馆)、《以身作则管图书 甘当四化好后勤》(宜兴县周铁农机厂邵森楠)、《浅谈缩微资料》(浙江图书馆项弋平)、《谈古籍防蠹》(南京图书馆毛俊仪)、《介绍一种快速外文书名目录排列法》(华东工程学院图书馆龚忠武)等;第四期发表了《我馆是怎样为生产科研服务的》(戚墅堰机车车辆工厂技术图书馆马宗元)、《搞好图书资料及时回收工作的一点体会》(工程兵工程学院杨红宇)等。1981年第二期发表了《我们是怎样开展少年儿童图书工作的》(江阴县图书馆)、《实事求是,因地制宜,开展基层辅导,组建图书馆网》(张振民)等3篇文章;第三期发表了《我们是怎样实行开架借阅的?》(南通市图书馆社会科学组外借处)、《做好科技服务工作的一点体会》(苏州市图书馆侯寿娟)等4篇文章;第四期发表了《我们是怎样组织报告会的?》(包中协)、《谈索书单》(鲍林涛)等4篇文章。1982年第一期发表了《我们是怎样开展情报资料服务工作的》(江苏省制盐工业研究所情报资料室杨建和封海云)、《南京地区中专图书馆协作委员会活动介绍》(陈庆森)等4篇文章;第二期发表了《排列和核对汉语拼音书名目录的体会》(苏州丝绸工学院图书馆曹耀英)、《线装书清理工作点滴》(无锡市图书馆陶宝庆)文章;第三期发表了《学生图书阅览室开架工作的实践》(苏州大学图书馆专业学生阅览室)等2篇文章;第四期发表了《外文新书联合目录编制工作的实践》(龚雅屏)等4篇文章。1983年第一期发表了《面向农村,开拓图书馆工作新局面》(吴江县图书馆)、《和县馆同志谈谈农村图书室工作》(清江市图书馆朱林)等4篇文章;第二期发表了《江苏省科技情报所工作介绍》(江苏省科技情报所袁征)、《加强科技文献的收藏和利用的具体做法》(铁道部戚机厂徐网大)等6篇文章;第三期发表了《我们是如何在理工科高等院校开设文献检索课的》(华东工程学院图书馆龚忠武)、《图书馆音响资料漫谈》(上海图书馆王惠庆)等5篇文章;第四期发表了《收集地方文献资料编制地方文献综目》(王赓唐)、《外文期刊的记到工作》(西安交大图书馆沙洁尘)等4篇文章。

"动态·简讯·书讯"栏目1980年第一期发表了本刊记者的《美国图书馆代表团访宁》、丁宏宣和葛家瑾的《南京图书馆举办县图书馆员训练班》等文章;第二期发表了工学熙执笔的《第一期图书馆工作人员培训班小结》、南京市工人文化宫的《南京市基层工会图书馆业务培训班小结》、朱家祯的《无锡市图书馆举行业务考试》、朱崇阶的《从编辑丛书目录所想到的》、魏德裕的《南京大学图书馆积极开展外籍学者的参考工作》、江苏省图书馆学会常州分会的《江苏省图书馆学会常州分会举办第一期图书馆工作人员业务训练班》、吴名的《南京大学图书馆学专修班学生勤奋学习》、江洛一和祝昌的《苏州地区文化局召开县图书馆馆长会议》、华成志的《丹阳县图书馆开辟"少儿读物外借室"为小读者服务》、1979年国际图书奖的获得者、联合国教科文组织图书馆通报、江苏省图书馆学会一季度大事记、图书馆学资料选目等文章;第三期发表了本刊记者的《记中美合办图书馆业务研讨会传达报告》、常州市分会的《省图书馆学会常州市分会召开学术年会》等14篇文章;第四期发表了无锡市分会的《无锡市分会召开大会传达年会和科学讨论会情况》、本刊记者的《江苏省图书馆学会召开1980年年会暨科学讨论会》、江苏省图书馆学会第三季度大事记、图书馆学资料选目等13篇文章。1981年第一期发表了江苏省图书馆学会1980年第四季度大事记、各分会活动简讯、南京师院夜大学图书馆学专修科开学等9篇文章;第二期发表了江苏省图书馆学会1981年第一季度大事记、各分会活动简讯、南京图书馆着手编制《江苏地区建国前中文报纸杂志联合目录》等7篇文章;第三期发表了江苏省图书馆学会1981年第二季度大事记、徐州图书馆学会成立等6篇文章;第四期发表了《教育部召开全国高等学校图书馆工作会议》、《南京图书馆举办科技文献检索学习班》等9篇文章。1982年第一期发表了江苏

南京图书馆馆刊沿革与解读

省图书馆学会1981年第三和第四季度大事记、全国省级公共图书馆工作座谈会在长春召开等4篇文章;第二期发表了本刊记者的《江苏省公共图书馆工作会议在南京召开》和《阎立中、刘湘生同志先后来南京作学术报告》等4篇文章;第三期发表了江苏省图书馆学会1982年上半年大事记、各分会简讯等9篇文章;第四期发表了本刊记者的《江苏省市图书馆业务辅导工作学术讨论会在清江市召开》等5篇文章。1983年第一期发表了吕秀莲的《省图书馆学会和省高校图书馆委员会联合召开图书馆改革座谈会》、张厚生的《南京工学院成立图书馆委员会》等11篇文章;第二期发表了程光雄的《无锡市图书馆学会召开1983年年会》、葛家瑾的《南京图书馆召开省辖市馆辅导工作座谈会》等7篇文章;第三期发表了吕秀莲的《江苏省图书馆学会1983年上半年大事记》、丁晶和吕秀莲的《江苏省高校图书馆工作委员会召开藏书建设研讨会》等6篇文章;第四期发表了张炳午的《徐州市图书馆学会召开常务理事会》等11篇文章。

"国内图书馆刊物简目选辑"栏目1980年第一期发表了《图书馆工作》(内部刊物,中国科学院图书馆《图书馆工作》编辑部,一九七五年十二月创刊,季刊)、《北图通讯》(内部刊物,北京图书馆业务办公室编,一九七七年试版,季刊)、《图书馆工作》(安徽省图书馆学会、安徽省中心图书馆委员会合编,一九七九年三月创刊)、《图书情报工作动态》(中国科学院图书馆编,一九七五年三月创刊,不定期)、《四川图书馆学报》(四川省图书馆学会编辑出版,一九七九年三月创刊,季刊)、《图书馆学通讯》(中国图书馆学会会刊,一九七九年六月创刊,季刊)、《图书馆工作与研究》(天津市图书馆学会会刊,一九七九年六月创刊)、《贵州图书馆》(贵州省图书馆学会办的学术性刊物,一九七九年七月创刊,不定期)、《图书馆学刊》(内部刊物,辽宁省图书馆学会、辽宁地区中心图书馆委员会会刊,一九七九年九月创刊,季刊)、《图书馆工作》(内部刊物,江西省图书馆学会)。

"编后"栏目主要发表每期主要内容提要及心得体会。

"馆长笔谈"栏目1980年第二期发表了《拥书权拜小诸侯》(南京工学院图书馆副馆长卢则文)、《八十年代感怀》(南京医学院图书馆馆长吴观国)、《对实现图书馆工作重点转移的几点看法》(苏州市图书馆馆长许培基)、《展望与决心》(南京市图书馆副馆长卢子博)、《县图书馆工作必须适应工作重点的转移》(铜山县图书馆馆长李崇礼)等文章。1983年第一期发表了《整顿馆风馆纪是开创图书馆工作新局面的前提》(南京图书馆副馆长孟君孝)、《迎新献辞》(苏州市图书馆馆长许培基)等

第四章 南京图书馆时期馆刊

3篇文章。

"书人·书事·书评"栏目1980年第二期发表了《韦伯斯特和韦氏词典》(谢宗昭、郑庆著)、《盖达尔和儿童图书馆》(谢小英编译)、《互为补充 各具特色——三部新版辞书简介》(永吉)等文章;第三期发表了《谈编纂〈中国近代现代丛书目录〉的体会》(上海图书馆肖斌如)、《他们把图书发行搞活了——如皋县新华书店搞好农村图书发行的事迹》(杨松泉、张厥昌)、《世界主要国家近年的出版量》(上海图书馆张展舒编)、《试谈〈中文普通图书统一著录条例〉》(试用本)(太仓县图书馆陆钟其)等文章。1981年第一期发表了《推荐珍贵的〈文献〉》(翟有德)、《介绍〈名古屋市篷左文库汉籍分类目录〉》(刘世杰)等8篇文章;第二期发表了《评〈基层图书馆工作方法〉》(甫稻仁、施仕文)、《简介〈南京大学图书馆馆藏古籍善本图书目录〉》(金戈)等3篇文章;第三期发表了《图书馆和文化遗产》(黄恩祝)、《江苏藏书家小史:铁琴铜剑楼》(瞿冕良)等4篇文章。1982年第一期发表了《"我是一个普通读者"》(张闻天同志来无锡市图书馆借书追记)、《为研究辛亥革命提供资料线索——推荐〈辛亥革命资料目录〉》(张厚生)等文章;第二期发表了《卓越的图书馆事业家——柳诒徵》(纪维周)、《现存最早的活字印书》(中央党校图书馆张文玲)等3篇文章;第三期发表了《简谈〈北京图书馆馆藏报纸目录〉》(南京图书馆苏六)、《丁景唐——图书馆的友人》(徐英)等文章;第四期发表了《简介〈中国历代年谱总录〉》(金戈)等3篇文章。1983年第一期发表了《略评〈中国历史人物生卒年表〉》(福建师范大学图书馆杨起予)、《僧佑和〈出三藏记集〉》(山东化工学院图书馆陈志宏)等3篇文章;第二期发表了《丁君匋献款办馆记》(复旦大学图书馆曹宠)、《我国早期的少年儿童报刊》(中国艺术研究院资料馆曹芸)等3篇文章;第三期发表了《为祖国图书馆事业贡献毕生精力的施廷镛先生》(倪友春)、《葛斯泰福·霍夫曼》(华东师范大学蒋志伟编译)等5篇文章;第四期发表了《悼念王焕镳先生》(柳定生)、《江苏藏书家丁福保》(鲁海)等4篇文章。

"图书馆与读者"栏目1980年第二期发表了《江苏师院图书馆为教学服务的生动事例》(江苏师院中文系潘树广)、《让图书资料为四化发挥积极作用——浅谈开展哲学社会科学咨询工作的体会》(南京图书馆贝芝泉)、《希望与建议》(常熟县花边经理部政宣科袁文龙)等文章;第三期发表了《文史咨询工作百例(一)》(业务讲座连载)(江苏师院中文系潘树广)、《我馆图书管理工作是怎样为教学服务的》(淮安师范学校图书馆胡炳华)、《管好图书,努力为教学服务》(兴化竹泓中学)、《关于

南京图书馆馆刊沿革与解读

入藏俄文图书的看法》(南京邮电学院图书馆冯曼亭)、《引文要力求准确》(四川泸州医学院图书馆陈伯元)等文章;第四期发表了《图书馆开放时间小议》(丘耳)、《几本图书馆学工具书简介》(朱家祯)、《文史咨询工作百例(二)》(业务讲座连载)(江苏师院中文系潘树广)等文章。1981 年第一期发表了《文史咨询工作百例(三)》(业务讲座连载)(江苏师院中文系潘树广)、《图书馆服务态度和服务用语对话》(南京邮电学院图书馆冯曼亭)等文章;第三期发表了《关于编写〈江苏省图书馆事业史〉的倡议》(南京图书馆梅可华、江苏省社联唐茂松)等 3 篇文章;第四期发表了《地方图书馆学会编辑地方文献目录刍议》(徐州师范学院历史系资料室赵明奇)等 3 篇文章。1983 年第一期发表了《刊号亟待统一》(AZ)、《县馆"人吃书""病吃书"的现象必须解决》(奔流)等文章;第二期发表了《图书馆要多为读者的方便着想》(刘光熹节译)、《漫话图书馆》(韩文)等 4 篇文章。

"资料"栏目 1980 年第二期发表了《左联时期的革命文学报刊》;第三期发表了〔日本〕稻川薰著、黄凤英节译的《美国图书馆馆员——以介绍州立公共图书馆为主》、王爱春摘译的《美国史密森博物院图书馆简介》、徐费林的《图书馆学资料选目》等文章。1981 年第二期发表了朱丽娜编译的《机读目录的发展简述》《图书馆学资料选目》等 3 篇文章;第三期发表了高青编译的《现代化的学校图书馆》《图书馆学资料选目》(1981 年 4~6 月)等 3 篇文章;第四期发表了王爱春编译的《英国图书馆》《图书馆学资料选目》(1981 年 7~9 月)等 3 篇文章。1982 年第一期发表了吴建中的《国外分工入藏的历史发展概要》《图书馆学资料选目》(1981 年 10~12 月)等 4 篇文章。

"大家都来关心图书馆事业"栏目 1981 年第一期发表了裔建的《省委应该把图书馆事业提到议事日程》、邱克勤的《从〈人民日报〉不刊登〈图书馆工作汇报提纲〉的消息说起》、仲望的《向省文化局领导进一言》等 11 篇文章;第二期发表了潘建的《从常州市图书馆的发展,谈争取地方领导的重视》、严明的《对县图书馆馆长要加强业务培训》、陈英的《图书馆要在建设精神文明中发挥积极的作用》等 7 篇文章;第三期发表了怀谷的《巨大的关怀 深刻的教育——记全国少年儿童图书馆工作座谈会》、刘夕久的《加强中等专业学校图书馆建设》等 3 篇文章;第四期发表了张阿舟的《应当重视图书馆的建设》、吴观国的《图书馆长三十年》等 9 篇文章。

"问题讨论"栏目 1981 年第一期发表了李崇礼的《期刊应该外借》、史柁的《期刊外借 为读者想》、陈伯元的《开架借阅势在必行》、李琴的《开架借阅是个好办法》等5篇文章;第二期发表了田云的《对中小城市公共图书馆发展读者问题的探讨》、赵继珍的《与袁明同志商榷》等5篇文章;第三期发表了龚忠斌的《高校图书馆现代化从何起步?》、陶宝庆的《是磁板还是磁活字版?》等2篇文章;第四期发表了万培悌的《也谈期刊外借》、陈英的《期刊应外借 但要有控制》等3篇文章。1982年第一期发表了桑良知的《传记归类说》、赵怀生和周树德的《港台文学的分类及其他》等文章;第二期发表了南通市图书馆张红的《市级公共图书馆应向中学生开放——从南通市图书馆为中学生服务谈起》、常州国棉二厂刘大同的《对搞好工厂科技书刊资料服务工作的探讨》等文章。

"图书馆工作会议"栏目1982年第一期发表了《江苏省高等教育局局长顾尔钥同志在全省高校图书馆工作会议开幕时的讲话》(一九八一年十二月十五日)、《江苏省高等教育局副局长张影同志在全省高校图书馆工作会议上的总结讲话》(一九八一年十二月十九日)、《江苏省高等学校图书馆工作委员会筹委会关于全省高等学校图书馆专业干部补充和培训问题的初步打算》等文章;第二期发表了《汪海粟副省长在江苏省公共图书馆工作会议上的讲话》(一九八二年三月二十三日)、《江苏省文化局副局长曹德进在江苏省公共图书馆工作会议上的工作报告》(一九八二年三月十六日)等7篇文章。

"期刊工作"栏目1982年第一期发表了《论期刊建设》(下)(华东师范大学图书馆学系何金铎)。

"业务研究"栏目1982年第一期发表了《图书馆要研究读书方法论》(上海图书馆浦保清)等3篇文章;第三期发表了《西文字顺目录中数词的排列问题》(浙江医科大学图书馆周子荣)、《俄文图书著录中单词的移行问题》(华东水利学院图书馆陈荣兴)等5篇文章;第四期发表了《论文科检索能力的培养》(苏州大学中文系潘树广)等7篇文章。1983年第二期发表了《论图书馆学研究的路向》(钱亚新 张厚生)、《谈师范院校图书馆藏书建设的特点》(南京师范学院图书馆吉士云)等7篇文章;第三期发表了《高校图书馆在学校中的地位和作用》(北京大学图书馆郭松年)、《谈谈中等专业学校图书馆的组织机构》(浙江水利水电学校周未隼)等4篇文章;第四期发表了《略论郑樵对图书馆学的贡献》(潘鋐)、《社会科学与自然科学情报工作的异同》(上海农业学校徐亚斌)等4篇文章。

"科技情报工作"栏目1982年第一期发表了《科技情报服务工作点滴》(南通市科技情报所毛锦堂)等4篇文章。

南京图书馆馆刊沿革与解读

"读者工作"栏目1982年第一期发表了《开架借阅纵横谈》(黄文虎)、《期刊的内阅和外借》(南京艺术学院图书馆唐溪)等3篇文章;1983年第一期发表了《为提高读者工作质量而努力》(中国矿业学院图书馆刘寿华)、《读者个性心浅谈》(上海图书馆浦保清)等3篇文章;第三期发表了《试论"最近发展区"的理论与辅导阅读工作的关系》(扬州师范学院图书馆周沪生)、《开展情报咨询服务浅谈》(南通市科技情报所毛锦堂)等4篇文章;第四期发表了《一项咨询答案的诞生》(连云港市图书馆桑林)、《从索书单的调查分析谈降低拒借率》(刘萍)等3篇文章。

"馆员札记"栏目1982年第一期发表了《做好图书馆工作 适应重点转移》(江苏省宜兴县图书馆徐瑾)、《北国纪行——参观东北、京、津省级公共图书馆札记》(南京图书馆王学熙)等4篇文章;第二期发表了《利用统一书号应注意的几个问题》(中国社会科学院考古研究所图书馆徐荣)、《从"偷书不是贼"谈起》(小痴)等3篇文章;第三期发表了《"钱牧斋买书"和配缺补漏》(李全成)等3篇文章。

"图书馆工作"栏目1982年第一期发表了《加强工会图书馆的藏书建设》(苏州电视机厂工会图书室吴文进)、《基层图书馆(室)用的书次呈以种次号为佳》(平顶山市图书馆李全成)等4篇文章;第二期发表了《为教学科研服务是高校图书馆工作的基本出发点》(江苏农学院图书馆毛龙台)、《略论高校图书馆的图书除旧更新》(江苏师院图书馆金问涛)等3篇文章;第二期发表了《图书管理员当上了市人大代表——赞工会图书馆管理员张明兰》(朱林)、《做好图书室工作 为四化建设服务》(常州东风印染厂丁国瑞)等4篇文章;第三期发表了《"南京地区工厂科技文献情报网"情况介绍》(720厂顾永年)等2篇文章;第四期发表了《谈半开架在基层图书馆的作用》(镇江市图书馆邵步新)等2篇文章。1983年第三期发表了《县馆基层辅导工作点滴》(太仓县图书馆陈祖望)、《把工厂的工会图书室与科技情报资料室合并起来好》(扬州市图书馆万兴国)文章。

"藏书建设"栏目1982年第二期发表了孙培英的《从书刊采购协调谈提高图书馆经济效益问题》等2篇文章。

"分类工作"栏目1982年第二期发表了南京图书馆《中图法》改编小组的《改编〈中图法〉(修订本)工作中的几点实践认识》、常州市图书馆徐燕萍和董叔宣的《我们是怎样根据〈中图法〉(修订本)改编藏书的》等文章。

"目录学·分类学"栏目1982年第二期发表了徐召勋的《论小序》、湖南大学图书馆学专业谢俊贵的《梁启超的目录学思想》等3篇文章。1983年第一期发表了徐州医学院图书馆孙忠进和徐州市图书馆张荣光的《目录活动的控制原理初探》、南开大学分校图书馆学系李玉进和王刚的《关于书目、目录与书录之称谓》等6篇文章;第二期发表了北京大学图书馆系李樱的《中国目录学史的研究方法》、华东师范大学图书馆学系路林的《类书在我国古典目录学中的地位》等5篇文章;第三期发表了山东海洋学院图书馆严冬平的《试论书目解题的撰写》、湖北中医学院郑伦的《传记图书怎样归类才好》等5篇文章;第四期发表了中共中央党校图书馆潘淑祥的《分编工作定额管理问题》、扬州市图书馆姚宁的《采编部门中的统计分析工作》等4篇文章。

"国外图书馆"栏目1982年第二期发表了《美国公共图书馆的盲人残废人服务工作》(上海图书馆邱国渭)、《美国哈佛大学图书馆》(邵金丽译)等3篇文章;第三期发表了《富兰克林与美洲第一所会员集资图书馆》(中国科技大学图书馆胡继武)等文章;第四期发表了《美国图书馆的图书赠送与交换》(北京外贸学院图书馆施士宇)等文章。1983年第一期发表了《图书馆馆员服务、职业特性和社会变革》(南京工学院图书馆王通译)、《西方国家主要图书馆协会简介》(华东师范大学图书馆学系林申清编译)等3篇文章;第二期发表了《近年来日本的图书馆事业迅速发展的原因》(上海图书馆吴建中)、《日本"每日新闻"社的照相资料的保存和利用》(华东师范大学图书馆学系林申清编译)等文章;第三期发表了《围绕图书馆员教师地位问题的论战》(施士宇编译)、《日本的儿童图书馆事业》(南京大学图书馆朱维宁)等文章;第四期发表了《医院图书室要为住院病人服务》(上海图书馆胡美娟编译)等文章。

"图书馆学教育"栏目1982年第三期发表了《图书馆学专业教育改革刍议》(北京大学图书馆学系吴慰慈)、《应该提高高校图书馆专业队伍的素质》(上海对外贸易学院图书馆林逸群)等文章。

"版本·目录·索引"栏目1982年第三期发表了《黄丕烈的校勘与刻书工作》(南京图书馆钱亚新)、《先进的检索工具——索引》(南京大学图书馆何小清)等3篇文章;第四期发表了《〈江苏图书馆工作〉1982年索引》。1983年第四期发表了《〈江苏图书馆工作〉1983年索引》。

"图书编目"栏目1982年第四期发表了《外文期刊刊名著录浅谈》(上海图书馆潘胜利)等4篇文章。

"少儿图书馆"栏目1982年第四期发表了南通市第十四中学图书馆徐泽民的《试论少年的阅读心理和阅读指导》等3篇文章。

南京图书馆馆刊沿革与解读

"学会工作"栏目1983年第一期发表了《致江苏省图书馆学会第三次科学讨论会的贺词》(上海市图书馆学会副会长、上海图书馆馆长顾廷龙)、《重视和发挥图书馆学会的作用》(于的水)等4篇文章。

"图书馆改革"栏目1983年第二期发表了华春的《把图书馆办成一个社会事业》、浙江图书馆项弋忠的《改革中等教育结构发展图书馆职业教育》等4篇文章;第三期发表了陈志宏的《对图书馆学刊物改革的十点建议》、武汉大学图书馆学系金吉武的《图书馆改革小议》等3篇文章。

"祝贺汪长炳和钱亚新两同志从事图书馆工作六十年"栏目1983年第四期发表了祝贺汪长炳和钱亚新两同志从事图书馆工作六十年的南图、省学会举行茶话会、卢则文的《啊,这六十年!》等7篇文章。

《江苏图书馆工作增刊》1980年第一期发表了《充分重视图书馆在四化建设中的地位和作用》(光明日报评论员文章)、《图书馆工作要有一个新的发展》(肖自力 鲍振西)、《新中国图书馆事业三十年》(黄宗忠)等4篇文章;第二期发表了《省、市、自治区图书馆工作条例》(试行草案)(共十八条)、《江苏省图书馆工作条例》(试行草案)(共二十五条)、《江苏省县图书馆工作条例》(试行草案)(共二十四条)等7篇文章;第三期发表了《图书分类》(卢子博)(文章共分四个部分:一是什么是图书分类;二是图书分类法的结构;三是《中图法》的编制与使用;四是图书归类的原则和方法)、《科技文献检索》(吴观国)(文章共五个部分:一是科技文献的范围、级别、类型、概况及特点;二是文献的作用;三是检索工具的用途和类型;四是参考咨询工作;五是检索工具简介及使用法)等文章;第四期发表了《图书馆学纲要》(文章分第一编 图书馆学的对象和任务;第二编 图书馆工作基本规律;第三编 图书馆事业建设原理;第四编 图书馆的现代化;后记)(倪波)等文章;第五期发表了《中文图书编目法》(梁美云)(文章分四章,第一章 图书馆目录的性质和编制原则;第二章 图书目录的种类;第三章 图书著录;第四章 目录组织和目录体系)等文章;第六期发表了《社会科学工具书简介讲义》(倪友春)(文章共分八个单元:前言、第一单元绪论、第二单元查字词、第三单元查篇目、第四单元查书刊、第五单元查年代、第六单元查地名、第七单元查人物、第八单元查事物)等文章。1981年第一期发表了《期刊资料工作》(倪波编)(文章分十个部分:一、报刊概况;二、报刊种类;三、报刊简史;四、国外主要报刊;五、报刊的收集;六、报刊的管理;七、报刊的利用;八、资料概说;九、资料管理;十、资料利用);第二期发表了《读者工作》(王可权编)

第四章 南京图书馆时期馆刊

（文章除前言和编后外共分五章：第一章 读者工作概况、第二章 读者工作中的调查研究、第三章 图书流通工作、第四章 宣传辅导工作、第五章 参考咨询工作）；第三期发表了《藏书工作》（吴观国编）（文章除前言和附录外共分八个部分：一、藏书建设的规则；二、掌握图书知识和选择图书；三、采购工作的调查研究；四、采购计划的编制；五、采购图书的途径和方法；六、正确处理采购藏书中的几种关系；七、藏书登录；八、藏书组织）；第四期发表了《科学技术工具书简介讲义》（周文逊和陈荣兴合编）（文章除前言外共分五章：第一章 专业词典、第二章 百科全书、第三章 年鉴 手册、第四章 目录 索引 文摘、第五章 图集 图谱）；第五期发表了《鲁迅与图书工作》（周启付著）（文章除编辑说明和后记外共分五个部分：一、鲁迅与古籍工作；二、鲁迅与目录工作；三、鲁迅与工具书，四、鲁迅与书评；五、鲁迅与科学小说）；第六期发表了《读者工作专题学术讨论会论文选辑》（除前言外共收录了 16 篇论文）。

第二节 《江苏图书馆学报》

为了使江苏省图书馆学会会刊更符合本学科与知识领域的发展需要，加强社会主义精神文明建设，为了进一步提高刊物质量，从 1984 年第一期起，将《江苏图书馆工作》改名为《江苏图书馆学报》，仍为季刊，开本为 16 开，面向全国发行。

图一

一、《江苏图书馆学报》书影

1.《江苏图书馆学报》（1984 年）第一期封面（图一）

2.《江苏图书馆学报》致读者与作者（图二）

3.《江苏图书馆学报》（1984 年）第一期目录（图三、图四）

4.《江苏图书馆学报》（1987 年）第一期本刊文章（图五）

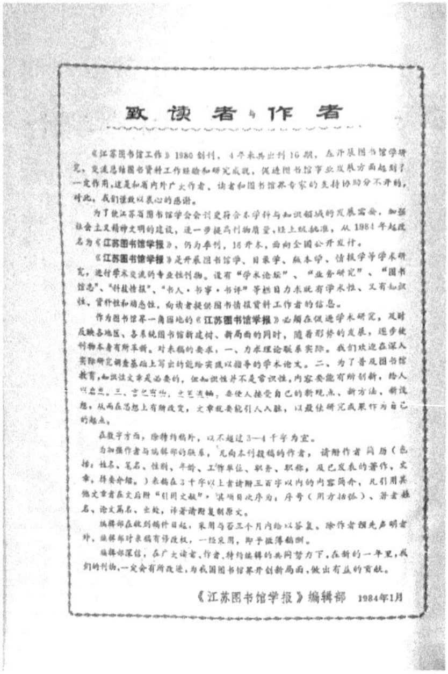

图二　　　　　　　　　　　　　　　图三

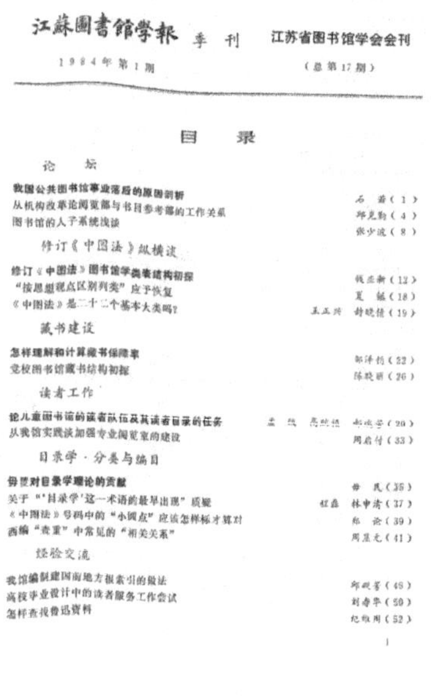

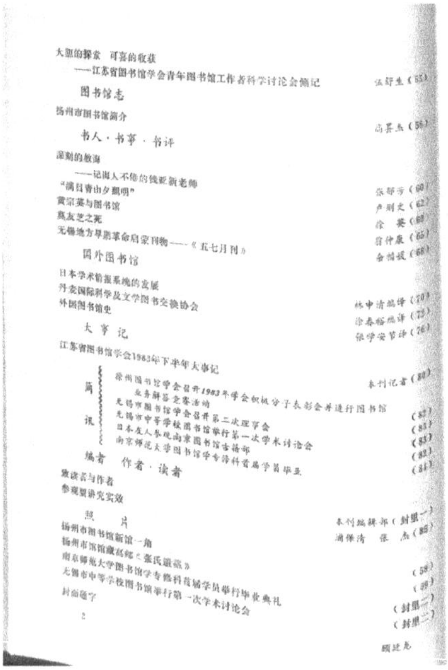

图四　　　　　　　　　　　　　　　图五

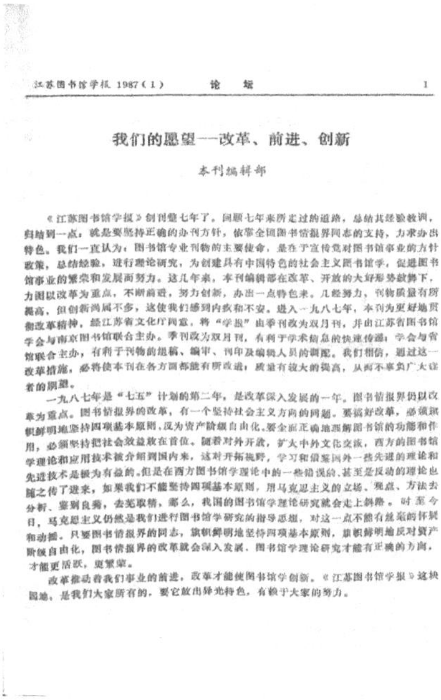

二、《江苏图书馆学报》主要内容及解读

《江苏图书馆学报》是开展图书馆学、目录学、版本学、情报学等学术研究，进行学术交流的专业性刊物。改名后的《江苏图书馆学报》上刊登了编辑部"致读者与作者"的公开函（图三），函中阐明了该刊改名的目的和意义，以及"学报"对来稿的要求。函中称"《江苏图书馆学报》是开展图书馆学、目录学、版本学、情报学等学术研究，进行学术交流的专业性刊物。……必须在促进学术研究，及时反映各地区、各系统图书馆新建树、新局面的同时，随着形势的发展，逐步使刊物本身有所革新"。

1987年后，《江苏图书馆学报》由季刊改为双月刊。1987年第一期"论坛"专栏中发表了《我们的愿望——改革、前进、创新》一文（图五）。文中重申了办刊宗旨："我们一直认为，图书馆专业刊物的主要使命，是在于宣传党对图书馆事业方针政策，总结经验，进行理论研究，为创建具有中国特色的社会主义图书馆学，促进图书馆事业的繁荣和发展而努力。"同时宣布，经江苏省文化厅同意，自1987年起，该刊由江苏省图书馆学会与南京图书馆联合主办，以"有利于刊物的组稿、编审、刊印及编辑人员的调配"，"季刊改为双月刊，有利于学术信息的快速传递"1988年后，由本馆研究馆员卢子博任主编，南京大学信息管理系教授倪波和本馆副研究馆员王学熙、王陆军任副主编，编辑部设在本馆。

自1995年第一期起，论文参考文献按照国家标准进行著录，重要论文增加文摘项目，使刊物编排格式逐步与国际惯例接轨。

据1995年统计，《江苏图书馆学报》由邮局发行1970份，加上自发的2700份，计印发4670余份。

《江苏图书馆学报》栏目设置全面，覆盖面广。从图书馆事业的发展到各项业务工作，从省、市图书馆到基层图书馆，从国内到国外，从古代到现代，从理论性文章到一般性经验介绍，都有栏目配置。据统计，先后设置的栏目在70个以上。出现频率较高的基本栏目有："学术论坛""目录学""业务研究""图书馆志""书人·书事·书评""藏书建设""分类编目""读者工作""经验交流""国外图书馆"等。《江苏图书馆学报》的主要内容概括解读如下：

"论坛"发表图书馆事业和学术研究方面的指导性文章。此栏目紧密联系外界形势，密切注视学科发展动态，如《观念更新，是建设现代化图书馆的关键》（1987

年 6 期)、《就我国信息产业发展对策答编者问》(1993 年 5 期)等。

为了适应图书馆改革的需要,起到舆论导向的作用,《江苏图书馆学报》从 1987 年第 3 期起开辟"图书馆改革"专栏,发表了不少有关热点的文章,如《中小型图书馆深化改革刍议》(1989 年 4 期)、《略论我国图书馆事业管理体制的发展方向》(1988 年 3 期)、《馆长责任制与思想政治工作》(1989 年 4 期)等。

"目录学"发表论述古代及现代目录学方面的文章,如《专题目录与科学研究》(1982 年 4 期)、《清代学风对目录学的影响》(1986 年 1 期)等。

"藏书建设"是一个固定的栏目,几乎每期都有这方面的文章发表,如《党校图书馆藏书结构初探》(1984 年 1 期)、《谈西文图书采购工作》(1989 年 4 期)等。

"分类编目研究"栏目中,经验性描述的文章较多,如《谈中文期刊分类》(1989 年 3 期)、《名录的分类标引》(1993 年 3 期)等。

有关图书馆现代化方面的文章自 1990 年后逐渐增多,在"图书馆现代化"专栏中发表的文章,有《用微型机实现数传终端的辅助检索功能》(1989 年 1 期)、《光盘检索与光盘编目是的实际问题》(1991 年 1 期)、《用微机编制书目的几点体会》(1991 年 3 期)等。

《江苏图书馆学报》十分重视基层图书馆的建设,在"基层图书馆"专栏中发表了不少对基层图书馆建设有指导意义的文章。如《改革大潮中城市区级图书馆的问题与对策》(1993 年 4 期)、《浅谈工厂图书情报工作的主动服务》(1989 年 6 期)等。

"书人·书事·书评"是一个颇具特色的专栏。从 1984—2002 年先后发表了钱钟书、柳诒徵、沈祖荣、缪荃孙、陈庆年、汪长炳、钱亚新、杜定友、施廷镛、李小缘、范希曾、王焕镳、陈方烙、黄元福、贺昌群等专家、学者的传略或访问记,刊登了《略论南宋眉山刻本》(1990 年 3 期)、《雕版印刷始于贞观说质疑》(1992 年 2 期)、《试论铁琴铜剑楼对我国文化事业的杰出贡献》(1988 年 3 期)等评述图书版本及古代藏书楼方面的文章。

"图书馆志"是专供发表本省三大系统各图书馆概况的栏目。从 1984—2002 年发表了各类型图书馆的介绍近 60 篇,保存了不少史料。同时许多文章反映了各图书馆在党的十一届三中全会后发生的深刻变化。如《中央图书馆史料》(1987 年 6 期)、《南京大学图书馆在前进》(1980 年 1 期)、《徐州市图书馆简史》(1987 年 4 期)等。

社会主义市场经济的确立和图书馆改革的深入,给图书馆学研究注入了一些新的内容,增加了一些新的课题。为此,《江苏图书馆学报》从 1993 年第 2 期起,新开辟"新思维·新设想""走入经济圈"两个新栏目。

"新思维·新设想"专栏设立后发表了《图书馆兴办经济实体的辩证观》(1994 年 2 期)、《论图书馆系统工程》(1994 年 3 期)、《图书馆属于第三产业有关问题的思考》(1993 年 4 期)等文章。

图书馆"走入经济圈",是走入了一个误区,还是进入了一个新天地,在当时的学术界引起了广泛研讨。在这个新栏目中,发表的文章有:《我国公共图书馆信息中介概述》(1993 年 4 期)、《公共图书馆信息服务的思考》(1994 年 4 期)等。

《江苏图书馆学报》曾多次有组织地对图书馆界有争议的问题或新的学术观点展开讨论。1993 年,我国图书馆界一些学者在论述社会主义市场经济与图书馆事业建设的关系时,提出了"图书馆市场"与"图书馆服务市场"这两个新名词,但内涵是什么尚无专论发表。为此,《江苏图书馆学报》在 1994 年第 2 期发表了安庆市图书馆吴继胜的《建立有中国特色的图书馆市场》一文,并加了"编者按",希望争鸣。此文发表后,即有署名"谢阳春"的作者对吴继胜一文提出质疑,题为《对"建立图书馆市场"的几点质疑——与吴继胜同志商榷》(1994 年 4 期),谢文分析了市场的三要素、商品、图书馆主要的三种服务形式后认为,"图书馆市场从理论上讲是不能成立的,也为时尚早"。同期发表的有关"图书馆市场"的论文还有厦门大学图书馆朱立文的《图书馆市场的培育与发展》。

1996—2002 年间,《江苏图书馆学报》经历了一个发展过程,此阶段由卢子博同志担任主编。

第三节 《新世纪图书馆》

经国家新闻出版总署批准,《江苏图书馆学报》于 2003 年改名为《新世纪图书馆》,由江苏省图书馆学会、南京图书馆主办,是中国图书馆学会表彰刊物、CSSCI 扩展版来源期刊、中国学术期刊综合评价数据库统计源期刊、江苏省一级期刊。自 2003 年创刊以来,受到广泛的好评,影响日益扩大。本刊始终坚持弘扬学术、锐意改革、不断创新的方针,为图书馆事业和学术研究做出了应有的贡献。近些年来,

南京图书馆馆刊沿革与解读

我国图书馆事业发展很快,学术研究得到更多的重视。为适应形势发展的需要,经有关部门批准,《新世纪图书馆》于2011年改为月刊出版,每期版面调改为96页,价格仍定为每期10元,全年定价120元。编辑部调整了人员,增强了编校力量。栏目设置在保留原来的特点与优势的基础上做了一定调整,使其更能体现图书馆学科的新发展,更能适应图书馆事业发展的新变化。《新世纪图书馆》编辑部工作总的思路是在江苏省图书馆学会、南京图书馆党委的领导下,在以往工作取得成绩与经验的基础上,明确"繁荣学术研究,培养造就人才,推进图书馆事业发展"的办刊宗旨,立足江苏,面向全国,放眼世界,始终把社会效益放在第一位,以创办一流学术期刊为奋斗目标,开拓进取,搞好《新世纪图书馆》的编辑与出版工作。

一、《新世纪图书馆》书影

1.《新世纪图书馆》(2003年)第一期封面(图一)
2.《新世纪图书馆》季根章题辞(图二)

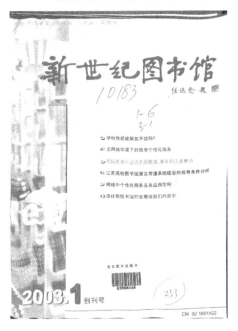

图一

图二

3.《新世纪图书馆》(2003年)第一期目录(图三、图四)

4.《新世纪图书馆》主编卢子博的文章(图五、图六)

目录 MAIN CONTENTS

新世纪图书馆

2003年第1期(总第1期)(双月刊)

祝贺《新世纪图书馆》创刊专栏
(03) 与时俱进 不辱使命——《新世纪图书馆》刊名由来及办刊展望/卢子博
(05) 题辞和贺词
学术论坛
(07) 学科性质能飘忽不定吗?——关于图书馆学的学科定位问题/于鸣镝
(10) 论网络环境下的信息个性化服务/陈 甄 郑建明
(14) 国际图联大会论文的规范、要求和注意事项/丘东江
(19) 网络环境下我国数字图书馆知识产权问题的若干思考——从中国数字图书馆败诉谈起/顾必成
(24) 1996～2002图书馆文化研究综述/陈景增
业务研究
(27) 再探多层次著录信息图书的书名著录逻辑性问题/文榕生
(31) 江苏高校图书馆馆藏文传递系统建设的既有条件分析/李晓鹏 曹海峰
(34) 关于机读主题数据著录中的一些问题/邓雨泉
(37) 中文书目数据著录问题分析/张 丽
(39) 《中图法》电子版的使用技巧/胡炳芬
(42) 编制电子期刊联合目录的体会/魏云陵
网络天地
(44) 图书馆网站邮件系统的建设/袁 勤
(48) 网络中个性化服务及其应用范例/安 琼
探索与争鸣
(50) 从管理学角度再论"读者第一"与"图书馆员第一"/黄协菁
(52) 也谈引进版画文图书的编目/崔淑萍 王美珍
博士文苑
(55) 国内图书馆实行数字化参考咨询服务的探讨/赵乃瑄
(59) 必须加强史志文献资源研究与开发/王京山

图三

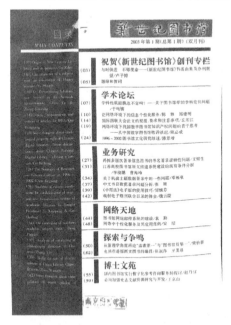

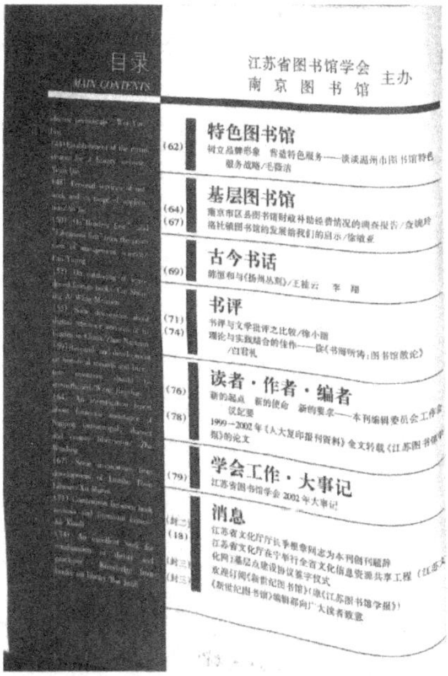

目录 MAIN CONTENTS

江苏省图书馆学会 南京图书馆 主办

特色图书馆
(62) 树立品牌形象 营造特色服务——谈谈温州市图书馆特色服务战略/毛薇洁
基层图书馆
(64) 南京市区县图书馆财政补助经费情况的调查报告/汝晓玲
(67) 落社镇图书馆的发展给我们的启示/徐敏业
古今书话
(69) 薛恩和与《扬州丛刻》/王桂云 李 翔
书评
(71) 书评与文学批评之比较/徐小丽
(74) 理论与实践结合的佳作——读《书海明灯:图书馆散论》/白君礼
读者·作者·编者
(76) 新的起点 新的使命 新的要求——本刊编辑委员会工作会议纪要
(78) 1999～2002年《人大复印报刊资料》全文转载《江苏图书馆学报》的论文
学会工作·大事记
(79) 江苏省图书馆学会2002年大事记
消息
(封二) 江苏省文化厅厅长季根章同志为本刊创刊题辞
(18) 江苏省文化厅在宁举行全省文化信息资源共享工程(江苏文化网)基层点建设协议签字仪式
(封三) 欢迎订阅《新世纪图书馆》(原《江苏图书馆学报》)
(封三) 《新世纪图书馆》编辑部向广大读者致意

图四

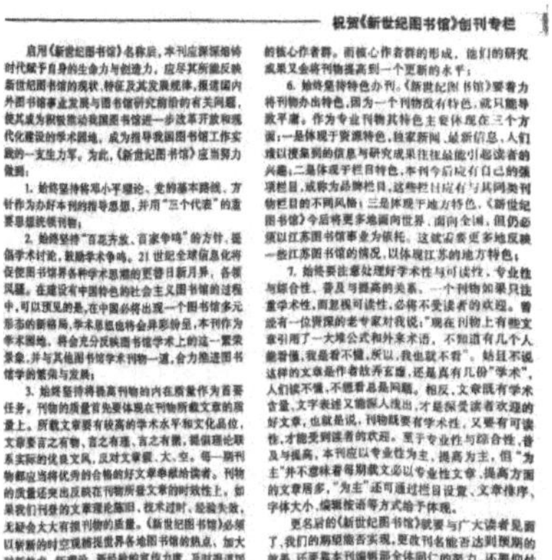

祝贺《新世纪图书馆》创刊专栏

4 —— 新世纪图书馆 2003年第1期

图五

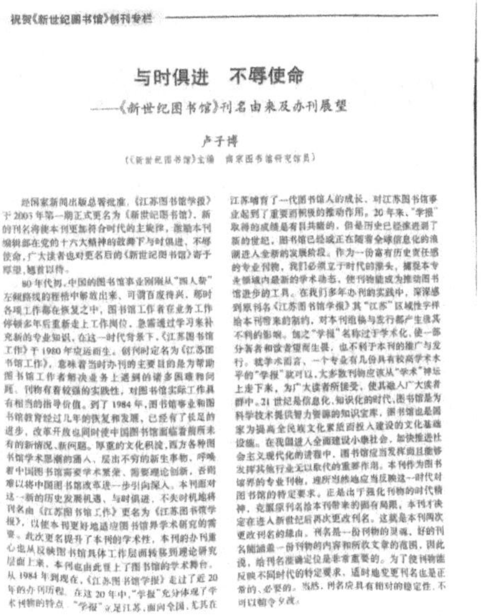

祝贺《新世纪图书馆》创刊专栏

与时俱进 不辱使命

——《新世纪图书馆》刊名由来及办刊展望

卢子博

(《新世纪图书馆》主编 南京图书馆研究馆员)

2003年第1期 新世纪图书馆 —— 3

图六

5. 部分祝贺题词(图七、图八)

图七　　　　　　　　　　　图八

二、《新世纪图书馆》主要内容及解读

《新世纪图书馆》栏目设置有"学术论坛""业务研究""网络天地""探索与争鸣""博士文苑""特色图书馆""基层图书馆""古今书话""书评""读者·作者·编者""学会工作·大事记""文献学与目录学研究""图书馆事业""国外图书馆""消息""数据库研究与开发""新技术与新方法"等。编辑部精心设置的栏目反映了当前图书馆学研究、图书馆事业发展的实际情况,各方面反映较好。除了较固定的栏目以外,还结合国内重大活动与学术会议办好专栏,该刊已经连续办了多届"中国图书馆学会年会"专栏、"世界读书日"专栏,以及"第75届国际图书馆联合会大会"专栏、"高校图书馆面向社会服务"讨论专栏等。每一期的"学术论坛"是该刊努力打造的栏目,在学术界有一定的影响。该刊2007年请南京大学教授徐雁协助开设了"读书·治学"栏目,目的在于评介某些专业领域的学术专著,介绍读书与治学心得、研究方法等,从而加强学术研究的辅导工作,提高图书馆员的素质。从2007年

开始,该刊把录用的部分稿件按内容相对集中起来,形成专题发表,如公共图书馆延伸服务、参考咨询、文献学研究、数字图书馆、用户服务等。另每期均由编辑撰写"编辑寄语"(图九),增强导读性。

图九

《新世纪图书馆》是图书馆理论与实践研究相结合的学术性刊物,作为江苏省唯一公开发行的图书馆学专业研究刊物,立足江苏,面向全国,放眼世界,为图书馆事业发展与图书馆研究构建了学术平台。该刊能够密切联系实际逐渐形成自己的特色,及时反映江苏图书馆事业发展的情况及学术研究及成果,为本省图书馆事业发展与图书馆学术研究做出贡献。近些年来,江苏省公共图书馆事业发展得比较快,一些图书馆开展的创新工作已经在全国都有影响,该刊注意报道这方面的内容,如南京图书馆新馆全面开放暨百年馆庆、苏州市图书馆总分馆建设、江苏公共图书馆的评估与规划等。江苏省是人文荟萃之地,古代藏书十分丰富,该刊注意办好"文献学与目录学研究""古今书话"等栏目,受到图书馆工作者和大学研究人员的重视。为了及时反映国外图书馆的情况,开办了"国外图书馆"栏目,邀请出国考察回来的专家撰写文章。为了及时反映图书馆动态,该刊邀请了北京大学王波编辑主持开设了"图情博客"专栏,受到许多读者的欢迎。

南京图书馆馆刊沿革与解读

全国各地来稿的不断增加使刊物的质量有了基本保证,编辑部在组稿与稿件录用环节上抓好两头:一头是高层次的论文,即站在学科前沿的专家、学者,逐渐形成优势和品牌栏目。编辑部向北京大学、武汉大学、南京大学、南开大学等专家教授组稿,得到不少赐稿,进一步提高了刊物的质量。除了重视功成名就专家的稿件外,该刊还关注一些年轻的有潜力的作者,如高校的博士生、青年教师、部分图书馆实际工作者。另一头就是抓基层研究论文,开展图书馆实际工作研究,因为图书馆学是实用之学,要让大部分基层图书馆工作者感到《新世纪图书馆》有他感兴趣的内容,能对实践起到指导作用。编辑部成员利用开会等各种机会接触学者与管理者,与他们建立持久联系,因此每年来稿都超过3000篇,稿件录用率一直在8%以下。由于该刊来稿较多,版面紧张,编辑部得到江苏省新闻出版局的批准,于2007年扩版到104页,版面增加了30%,每年发文达到200多篇,内容更加丰富。

《新世纪图书馆》自2003年由《江苏图书馆学报》更名,至2010年这8年时间,试运用文献计量学方法,对《新世纪图书馆》所载论文进行统计分析,以期揭示刊物的发展轨迹。

(一) 载文情况及分析

1. 载文量分析

载文量可以反映一种学术期刊的信息容量及传递信息的能力。其主要指标为期均载文量和篇均页数。《新世纪图书馆》为双月刊,2003—2008年共出版48期,发文1415篇(消息、会议动态、索引不在统计之列)。统计显示(见表一),期均载文量在2003—2006年期间变化不大,自2007年始有一明显的增加,主要缘自扩版,即由原来的每期80页增加到104页,刊物的信息含量也因此增加;而篇均页数总体变化不大,基本保持在3页多,篇幅适中,说明刊物用稿在注意保证学术质量的基础上也能兼顾信息容量,增加了可读性。

表一 2003—2010年载文量统计表

年 度	载文量(篇)	刊均载文量(篇)	页 数	篇均页数
2003	146	24.3	480	3.29
2004	160	20.7	480	3
2005	156	26	480	3.08
2006	160	26.7	480	3
2007	208	34.7	624	3

(续表)

年度	载文量(篇)	刊均载文量(篇)	页数	篇均页数
2008	200	32.8	624	3.12
2009	198	32.7	624	3.15
2010	187	31.2	624	3.34

2. 载文栏目分析

刊物的栏目具有分类与导读功能,能反映刊物的办刊特色,体现办刊宗旨. 同时对作者的研究、投稿也有一定的引导作用。自 2003 年由《江苏图书馆学报》改名为《新世纪图书图》后. 刊名突破了地域所限。版式也更新颖,最主要的是刊物以此为契机,致力于学术性、可读性及特色化的建设。在保留原来的重点和特色栏目的基础上,对栏目进行了一些调整(详见表二),同时加大了组稿力度,每年都设有几期专栏。及时介绍国内图书馆事业的发展情况及研究成果,提高了刊物的学术性与可读性。2007 年顺应作者需求,《新世纪图书图》版面由原先的 80 页扩大至 104 页,增设了"专题研究"与"图情博客"栏目,并将原来的"国外图书馆"栏目改为"国外图林",赋予该栏目更大的信息内涵,旨在通过这一窗口介绍国外图书馆的发展轨迹、先进理念、成功经验等,每年的发文量都保持在 10 篇以上,成为刊物的特色栏目之一。从各栏目的连续性和发文量可以看出。"学术论坛""业务研究""网络天地""图书馆事业"及"古今书话"是刊物的主要栏目。"专栏""专题研究""图林博客""国外图林"及"读书·治学"栏目则起到了点睛之效,刊物的特色也由此而显现,即学术性与可读性并重。

表二 载文栏目分布表

栏目\年度	专栏	学术论坛	业务研究	网络天地	探索与学习	绅士文苑	特色图书馆	基层图书馆	古今书话	书评	读者·作者·编者	学会大事记	文献学与目录学	图书馆事业	国外图书馆	数据库研究与开发	新技术与新方法	读书·治学	专稿	专题研究	图林博客	国外图林
2003	6	20	35	16	4	5	2	7	8	5	2	1	5	14	11	3	2					
2004	21	22	47	16		1		6	14	1	2	2	1	15	9	3	2					
2005	18	18	42	15			1	7	4		3	1	4	22	1	12						
2006	12	18	44	185			5	8	5				7	17	3	13	4	10	2			
2007	17	24	36	15			4	3					12	23		2			2	28	6	14
2008	16	24	43	14			2	6					9	16	2		13			27	7	14

(续表)

栏目\年度	专栏	学术论坛	业务研究	网络天地	探索与学习	绅士文苑	特色图书馆	基层图书馆	古今书话	书评	读者·作者·编者	学会大事记	文献学与目录学	图书馆事业	国外图书馆	数据库研究与开发	新技术与新方法	读书·治学	专稿	专题研究	图林博客	国外图林
2009	14	23	38	19				2	13		1		7	19		7		10	1	29	5	10
2010	13	23	46	12			8	8			1		5	20		5	1	2	2	26		15

3. 载文引文分析

引文分析的主要指标有引文量、平均引文率、引文类型及引文语种等。引文量是刊物所载论文引用参考文献的数量。可以反映论文研究的继承性、可靠性及作者研究态度的客观性及严肃性,了解学科发展的动向及与其他学科之间的关系;从所引文献的来源出处还可看出论文研究起点的高低,某种程度上也反映了一种学术刊物的发文质量。经统计,8年来《新世纪图书馆》发文1415篇,共引文献9356篇,平均引文率为6.61。与自身相比虽然平均引文率逐渐提高(2002年为4.8篇,2004年为5.1篇),体现了作者与编者对参考文献的逐步重视,但与国内期刊平均引用率8.8及国外期刊论文平均引用率15相比差距还较大。

从引文文献类型看(见表三),以时效快、信息量大的期刊为主,其次为中文图书。另外网络文献也占据一定的比例,逐渐成为研究者获取信息的重要来源。从引文语种上看,主要以中文为主,外文所占比例很小,且以英文为主。由此反映出外语能力依然是《新世纪图书馆》作者了解国外研究动态和借鉴国外研究成果的主要障碍。

表三 引用文献分类

项目	期刊			中文图书	网络图书	其他	总计
	中文期刊	外文期刊	合计				
文献数量	4830	417	5247	2101	1509	499	9356
占%	51.6%	4.5%	56.1%	22.5%	16.1%	5.3%	100%

(二) 作者情况

1. 作者地域分布情况

作者的地域分布情况可以反映各地域的总体研究能力,同时也能看出刊物的影响范围及在各地域的影响力。统计结果显示,《新世纪图书馆》的作者分布广泛,基本覆盖了全国(见表四)。与更名前的2002年相比,作者分布地域增加了海南、青海、新疆、香港地区、台湾地区以及美国和日本。另外从作者所在地域的人数看，江苏作者占作者总数的35.8%，而2002年和2007年的统计数据分别是42.5%、37.6%，显示随着《新世纪图书馆》影响范围的扩大，江苏作者所占比例虽略有下降，但仍然占据主位。说明刊物始终坚持立足江苏，面向全国，走向世界的办刊理念，且渐显成效。

表四 作者地域分布情况

国内地区	作者人数	国内地区	作者人数	国内地区	作者人数	国外	作者人数
江苏	507	山东	52	重庆	10	美国	5
广东	102	辽宁	51	海南	7	日本	5
北京	92	福建	46	云南	6		
湖北	75	黑龙江	38	吉林	6		
浙江	67	安徽	18	江西	6		
河南	60	广西	15	贵州	6		
上海	57	四川	13	山西	4		
湖南	57	甘肃	12	青海	3		

注：该表作者均为第一作者

2. 作者系统分布情况

通过分析作者系统分布情况，我们可以对作者分布的系统及目前各系统的研究能力有一个直观的了解。表五告诉我们，《新世纪图书馆》作者主要来自高校及公共图书馆，高校系统中又以图书馆为主要聚集地。另外，参照2000—2002年及2007年的统计结果可以看出，高校的作者人数在作者队伍中的比例逐渐增加。尤其是高校图书馆的发文量增长较快，反映出随着我国高等教育的发展，高校图书馆的人员队伍已逐渐得到优化，高学历及较高研究能力的队伍在扩大。

图书馆学研究是一门理论与实践结合较紧密的学科，公共图书馆理应在图情研究领域占一定比例。表五显示，公共图书馆作者人数占24%，基层县区级图书馆研究能力较为薄弱。

另外，我们从表四、表五及表六可以看出，《新世纪图书馆》作者的分布具有既相对集中又相对分散的特点。从地域上看，作者虽遍布全国各地，但主要集中在华东地区；从系统看，作者主要来自高校，共有各类大专院校近300所，但主要集中在南京大学、武汉大学、东南大学、苏州大学、北京大学、南京农业大学等高校；而来自19个省及直辖市公共图书馆的153位作者则主要集中在南京图书馆、上海图书馆、广东省立中山图书馆，尤其是南京图书馆的作者占到了绝大多数，一方面反映了南京图书馆在省级公共图书馆中的科研能力较强，另外也说明刊物为南京图书馆的科学研究发挥了应有的作用。

表五　作者系统分布情况

项目	公共馆					高校				科研院所	文化机构	其他	总计
	国家馆	省及直辖市馆	市级馆	县区级馆	合计	图情专业	图书馆	其他院系	合计				
人数	13	153	135	39	340	294	650	71	1015	16	20	24	1415
％	0.9	10.8	9.5	2.8	24.0	20.8	45.9	5.0	71.7	1.2	1.4	1.7	100

注：该表作者均为第一作者

表六　发文量10篇以上的高校及发文5篇以上的公共图书馆

高校	图情专业	图书馆	其他	合计	公共图书馆	合计
南京大学	69	8	22	99	南京图书馆	87
武汉大学	39	8	1	48	上海图书馆	18
东南大学	12	10	1	23	广东省立中山图书馆	10
苏州大学	19	3		22	浙江图书馆	7
北京大学	4	17	21	22	无锡市图书馆	9
南京农业大学	4	14	2	18	温州市图书馆	8
福建师范大学	12	5		17	常州市图书馆	7
辽宁师范大学	11	4		15	金陵图书馆	6
湘潭大学	13	2		15	淮安市图书馆	5
广东中山大学	7	6		13	镇江市图书馆	6
江南大学	9	2	1	12	广州图书馆	5

3. 作者专业职级情况

一般而言，作者的职称、学历与其学术水平为正相关，因此作者的职级情况也能从一个侧面反映刊物的学术水平和发文质量。表七是2003—2010年《新世纪图书馆》作者的职级情况。

表七 作者职级情况

项目	高级	初中级	学生				不明	总计
			博士	硕士	本科	合计		
人数	581	582	47	189	18	254	384	1801
占%	32.3	32.3	2.6	10.5	1	14.1	21.3	100

2003—2010年《新世纪图书馆》作者共计1801人。其中高级(指副高以上职称)及中初级职称的作者人数相当,分别占作者人数的近1/3,反映出作者队伍的专业层次结构较为合理。另外,中初级职称的作者与学生作者占作者总数的46.4%,而职称不详的这部分作者中,中初级职称的作者应占有很大一部分,说明刊物的作者队伍以中青年为主,他们是图书馆学研究的后续生力军。

4. 主要作者情况

2003年以来,在《新世纪图书馆》发文2篇的作者有116人,3篇的有17人,4篇的有7人,5篇的有6人,6篇的有3人,7篇的有2人,主要来自高校及省、直辖市公共图书馆,详见表八。

表八 发文4篇以上的作者情况

姓 名	发文量(篇)	作者单位	姓 名	发文量(篇)	作者单位
华薇娜	7	南京大学	全 勤	5	南京图书馆
许建业	7	南京图书馆	彭 飞	5	南京图书馆
徐 雁	6	南京大学	郭鸿昌	4	河南大学
黄俊贵	6	广东中山图书馆	王知津	4	南开大学
郑建明	6	南京大学	卢子博	4	南京图书馆
谷 峰	5	江苏省文化厅	王启云	4	淮海工学院
袁红军	5	郑州专科学校	范并思	4	华东师范大学
张秀气	5	辽宁师范大学	王世伟	4	上海图书馆
柯 平	5	南开大学	顾务帏	4	宁波大学图书馆

由表八可以看出,《新世纪图书馆》在自身发展的同时,有了一个比较稳定的作者群,这也是一个刊物发展成熟的标志。这些作者研究能力较强,不乏我国图书情报界的知名专家和学者,保证和提高了刊物的学术水准。另外,由于其中不少是高校的博导或硕导,因此也潜在地为《新世纪图书馆》培养了不少读者与作者。

5. 潜在作者分析

南京图书馆馆刊沿革与解读

根据CNKI提供的《新世纪图书馆》下载地域及下载单位数据,可以了解其潜在作者分布区域及单位。表九显示,《新世纪图书馆》下载量与浏览量最大的地域是亚洲,以国内为主,说明《新世纪图书馆》的潜在作者主要来自国内。另据CNKI提供的文献访问量分区段分析,发现海外读者与国内读者的关注点有明显的不同。海外读者主要关注的是《古今书话》及《文献学与目录学》栏目内的文章。如下载次数最多的为刊于2006年第2期由谢鸣敏所著的"《续修册库全书》的文献学价值初探",下载量为51次。而国内读者所关注的内容比较宽泛,下载量大于100次的有448篇,超过500次以上的有7篇。如南开大学的王知津与宋正凯合著的"Web2.0的特色及其对网络信息交流的影响"(下载627次,被引50次);上海华东师范大学信息学系范并思所著的"图书馆精神的历史缺失"(下载399次,被引82次);南京大学信息管理系李桂贞与郑建明合著的"知识组织的方式方法研究综述"(下载439次,被引12次)等。从这些高下载率的作者来看既有我国图情领域的知名作者,也有不少是中青年新秀;另外从下载论文的选题来看,多是当时图情界所关注的热点与重点问题。因此,《新世纪图书馆》今后一方面要继续加强与国内知名学者的联系,主动约稿;另一方面要围绕业界关注的热点问题积极组稿,诚邀高水平的专家、学者加入《新世纪图书馆》的作者队伍,从而进一步提高刊物的学术影响力。

表九 地域下载量统计表

序号	地域	下载量(次)	下载比例(%)	浏览量(次)	浏览比例(%)
1	亚洲	150190	92.33	185342	92.56
2	未划分	12055	7.41	13791	6.89
3	北美洲	354	0.22	979	0.49
4	欧洲	48	0.03	101	0.05
5	大洋洲	7	0.00	18	0.01
6	南美洲	7	0.00	7	0.00
7	非洲	2	0.00	7	0.00

注:数据来自WWW.cnld.net,2010-10-07

(三)影响因子

影响因子是国际上通用的期刊评价指标,与发文量、被引次数有着直接的联系。可用来衡量某一期刊的学术影响力。反映了科研工作者对其重视程度及其在学术交流中的重要作用,也是一般期刊进入核心期刊的主要测度指标。

表十为主要单位下载量统计表,表十一的数据来源于中国知网,截止时间是2010年10月7日,统计数据不是十分完整。但仍有参考价值。表十一显示,《新世纪图书馆》的被引频次、即年下载率及影响因子基本上是呈逐年上升的态势。说明其学术价值、资料价值和使用价值在不断提升,学术影响力持续增加。

表十 主要单位下载量统计表

序号	单位	下载量(次)	下载比例(%)	浏览量(次)	浏览比例(%)
1	中山大学	5121	3.85	4076	2.82
2	国家图书馆	4872	3.66	4118	2.85
3	武汉大学图书馆	3969	2.98	4993	3.45
4	北京大学图书馆	3708	2.79	4168	2.88
5	北京师范大学图书馆	2325	1.75	2268	1.57
6	华中师范大学图书馆	2053	1.54	2192	1.51
7	华南师范大学图书馆	2031	1.53	2154	1.49
8	中国人民大学图书馆	1857	1.40	1620	1.12
9	南京农业大学图书馆	1775	1.33	1693	1.17
10	南京大学图书馆	1538	1.16	1773	1.23
11	四川大学图书馆	1463	1.10	1352	0.93
12	南开大学图书馆	1387	1.00	1374	0.95
13	黑龙江大学图书馆	1170	0.88	1270	0.88
14	南京师范大学图书馆	1127	0.85	961	0.66
15	郑州大学图书馆	1096	0.82	1414	0.98
16	安徽大学图书馆	1070	0.80	1177	0.81
17	东南大学图书馆	1060	0.80	1077	0.74
18	清华大学图书馆	990	0.74	867	0.60
19	怀化学院图书馆	938	0.70	179	0.12
20	沈阳航空工学院图书馆	910	0.68	673	0.47

注:数据来自WWW.cnki.net,2010-10-07

表十一　即年下载率、影响因子统计表

年　度	即年下载率	影响因子
2003		0.5657
2004	14.5	0.798
2005	16.6	0.925
2006	29.6	1.1
2007	28.3	0.883

注：数据来自WWW.cnki.net,2010-10-07

《新世纪图书馆》印刷本发行量始终保持在2200多份,已经被全国三大著名数据库全文收录,在中国学术期刊网上被引频次逐年攀升。

后 记

经过努力,《南京图书馆馆刊沿革与解读》终于和读者见面了,在编写过程中,我深切地体验到前人留下丰富史料的重要性,没有前人留下的这些珍贵的第一手资料,便不可能写成这本书。

由于我对古文特别是古文句读方面缺少一定的基础和深层次研究,因此,本书中可能存在句读方面的错误,敬请读者指正和谅解。

一、本书上限为1907年(江南图书馆筹建之时),下限为2013年12月。

二、本书内容以历史沿革和馆藏资料为重点。南京图书馆馆史及其沿革多录自《南京图书馆志》。

三、本书参考了《新世纪图书馆》2003—2010年发文统计分析(《新世纪图书馆》2011年第3期,作者:方玮)。在此对作者致以敬意。

四、本书所引用的馆刊均藏于南京图书馆。感谢南京图书馆对本书中所用文献的支持。

五、本书参考了《学瓠——民国时期图书馆主办的期刊栏目》(《科技情报开发与经济》2013年第23卷第6期,作者:杨杞)一书。在此对作者致以敬意。